Dirección editorial: María Jesús Díaz
Corrección: Álvaro Villa / Equipo Susaeta
Maqueta, textos iniciales y fotografías realizados por *Proforma Visual Communication, S. L.* bajo la dirección e instrucciones de Susaeta Ediciones, S. A. Derechos de explotación, distribución y comunicación pública cedidos por *Proforma Visual Communication, S. L.* a Susaeta Ediciones, S. A.

Fotografía culinaria: Hans Geel
Estilismo: Ángela García
Coordinación del proyecto: Ángela García

Tikal Ediciones
C/ Campezo, 13 - 28022 Madrid
Tel.: 91 3009100 - Fax: 91 3009110
Impreso y encuadernado en España
www.susaeta.com
D.L.: M-13113-MMXIV

UN VIAJE POR

LA COCINA CÁNTABRA

TIKAL

Sumario

Cantabria

Tierras para disfrutar

Al llegar a Cantabria, el viajero quedará impresionado por el esplendor y la belleza de esta extraordinaria región. En un espacio de tierra relativamente reducido y cargado de contrastes, encontrará todo lo que pueda desear.
Los salvajes Picos de Europa, con sus vertiginosos cañones y sus cumbres de más de 2.600 metros, se encuentran a solo 20 km de bellísimas playas de ensueño, encajadas entre impresionantes acantilados.
Cantabria es un paraíso para todos aquellos que sientan devoción por la montaña, por los parajes naturales y sobre todo por su gastronomía, que ha unido sabiamente los mejores ingredientes de sus diferentes ecosistemas con los conocimientos ancestrales de una cocina rural.

Mar Cantábrico
PRINCIPADO DE ASTURIAS
Costa Occidental
Santander
Trasmiera
Costa Oriental
Saja-Nansa
Besaya
Valles Pasiegos
Asón-Agüera
Liébana
Campoo-Los Valles
PAÍS VASCO
CASTILLA Y LEÓN

Introducción

La Comunidad Autónoma de Cantabria está situada en la denominada «cornisa Cantábrica», que es como se ha dado en llamar al terreno que se sitúa entre el mar y la cordillera Cantábrica. Sus límites territoriales son en el este el País Vasco, concretamente la provincia de Vizcaya, en el oeste el Principado de Asturias y en el sur, la Comunidad Autónoma de Castilla y León (León, Palencia y Burgos).

La comunidad cántabra es, políticamente hablando, una de las autonomías uniprovinciales españolas, y su capitalidad se sitúa en la ciudad de Santander.

Atendiendo a su climatología, Cantabria es oceánica o atlántica, ya que posee un clima húmedo, con temperaturas suaves y templadas que oscilan poco durante el año. En esta comunidad caen abundantes lluvias: la precipitación media es de 1.200 mm, algo que le permite ser poseedora de una nutrida y frondosa vegetación. La temperatura media anual es de 9 °C en invierno y de 20 °C en verano. Si nos fijamos en las cordilleras, este clima deriva en inviernos largos y muy fríos, siendo habituales las precipitaciones en forma de nieve.

Los orígenes cántabros

A pesar de que no está muy claro el origen del término «Cantabria», podría guardar cierta relación con lo escarpado de su orografía, ya que «cántabro» procede de la raíz *cant*, frecuente en nombres celtas y que significa «roca», y del sufijo *abr*, utilizado en numerosas regiones celtas también. De modo que el cántabro significaría «montañés» o «pueblo que habita en las peñas».

Cantabria es una de las llamadas «comunidades históricas» españolas. En sus tierras se aloja una de las joyas prehistóricas más veneradas: las pinturas de las cuevas de Altamira, un vestigio que nos habla de los primeros moradores de las tierras cántabras. Estas pinturas están datadas hace entre 35.500 años y 14.000 antes del presente y han sido declaradas, junto con otras nueve cuevas cántabras más, Patrimonio de la Humanidad por la Unesco.

Reproducción de una de las pinturas rupestres de las cuevas de Altamira.

Aunque los primeros signos de población humana en Cantabria datan del Paleolítico Inferior, sabemos que esta es la región más rica del mundo en yacimientos arqueológicos del Paleolítico Superior. Además de las cuevas de Altamira, tienen relevancia las cuevas de Puente Viesgo, las de El Pendo o La Garma.

El conocido puente sobre el río Miera en Liérganes fue construido en el año 1587.

La romanización

Históricamente, las primeras referencias sobre Cantabria datan del año 195 d. C., cuando el escritor romano Catón el Viejo, en su obra *Orígenes*, habla del nacimiento del río Ebro en el país de los cántabros.

La sociedad cántabra tenía una estructura matriarcal, la propiedad residía en la mujer. Ella se dedicaba a cultivar el campo y a gestionar la alimentación con productos de la tierra, mientras que el hombre se consagraba a la caza de animales para comer y a la guerra.

Los cántabros fueron un pueblo guerrero, mercenario, que trató de hacer frente durante años a la invasión romana; tanto es así, que el poeta Horacio escribió un verso famoso al respecto: «Cantabrum indoctum iuga ferre nostra», que podríamos traducir como «El cántabro, no enseñado a llevar nuestro yugo». Así se describe a los pueblos de Hispania que detuvieron el avance romano en la zona astur y cántabra. Los romanos finalmente conquistaron Cantabria y con la romanización las tribus fueron desapareciendo. Introdujeron poco a poco su civilización, lo que dio lugar a las primeras ciudades. En la costa se fundaron Portus Victoriae (hoy Santander), Portus Blendium (Suances), Portus Vereasueca (San Vicente de la Barquera) y Portus Samanum, junto a la colonia para veteranos de Flavióbriga, de la que se conservan restos en Castro Urdiales. Más difícil es saber lo que pasó en la zona del interior de Cantabria. Lo que sí es seguro es que los castros fueron desalojados y su población se vio obligada a vivir en zonas llanas, lo que dio lugar a la fundación de algunas ciudades como Konkana, Argenomeskon, Vadinia, Vellika, Moroika, etcétera.

Los romanos permanecieron durante cuatro siglos en la zona, imponiendo su organización política, social, cultural y económica. Para ello introdujeron sus instituciones, su cultura, leyes, lenguaje, el cristianismo... lo que supuso un intento de aniquilar la identidad del pueblo cántabro; pero no podemos olvidar que esta es una de las zonas menos romanizadas del territorio español.

De esa época de ocupación existen varias ruinas y restos, entre los que destacan los de Julióbriga y los de Camesa-Rebolledo.

La incierta historia del castillo de Santa Ana, en Castro Urdiales, deja lugar a fantasías sobre grandes héroes históricos.

Sucesivas invasiones

Tras el dominio del pueblo romano, los cántabros volvieron a los castros, recuperando algo de su hegemonía histórica, a pesar de las abundantes invasiones bárbaras entre los siglos IV y V d. C.

De esta época no se conservan demasiados datos por la escasez de fuentes escritas, pero sí sabemos que Cantabria se convertiría en ducado, pues tras la caída del Imperio romano, y durante este periodo de la historia hispanogoda, Cantabria se integró dentro del reino como provincia fronteriza y se configuró un ducado regido por un *dux*, delegado regio en el país. Esta fórmula garantizaría cierto grado de autonomía al pueblo cántabro, a pesar de estar bajo control real.

Tras resistir los ataques bárbaros y visigodos, se produjo la llegada de los musulmanes a la Península Ibérica. Hasta el año 714 Tarik no llegaría al norte, pero en cuanto lo hizo, atacó y destruyó Amaya, capital del ducado y centro estratégico cántabro. En consecuencia, se produjo la huida de los visigodos allí instalados, como el duque Pedro de Cantabria.

En Linares se expone esta auténtica armadura.

Ese éxodo supuso la desaparición del pueblo cántabro como tal, ya que con la Reconquista de la mano de Alfonso I, los cristianos traídos por el rey repoblaron Primorias, Liébana, Trasmiera, Sopuerta y Carranza.

Este hecho propiciaría la desaparición a partir de este momento del nombre de Cantabria durante siglos, y el empleo en su lugar del nombre de las distintas comarcas: Liébana, Trasmiera, Asturias de Santillana, Campoo...

La llegada, pues, a Cantabria de estos cristianos hispanovisigodos desde el sur para repoblar la región hizo que se produjera una importante mezcla cultural, que, como decíamos más arriba, puso fin al antiguo pueblo cántabro.

La magnitud de los cambios vividos en este periodo va a afectar a los distintos ámbitos, desde los hábitos alimenticios, hasta las costumbres religiosas. Los cultos paganos fueron asimilados por los cristianos, desde entonces la religión dominante. Se produjo una intensa reorganización social de toda la zona y se suprimió la jerarquía tribal, que hasta entonces había definido la estructura social del pueblo cántabro. Así, desaparecieron los viejos clanes, sustituidos por la familia basada en el matrimonio cristiano.

Hasta ese momento, la economía cántabra se había basado en el pastoreo, la caza, la pesca, la recolección y el pillaje. A partir de entonces se poblaron más las áreas en torno a las iglesias y monasterios, y los habitantes de estas zonas vivieron desde el siglo VIII de la agricultura y la ganadería.

Cantabria a partir de la Edad Media

Durante la Alta Edad Media, se convirtió en un reino feudal con pocos campesinos libres, dominado por la Iglesia y por los señores nobles. Se construyeron en esta época unos veinte monasterios, como los de Santa María de Piasca en Liébana, Santa Juliana, San Martín de Turieno, San Pedro de Cervatos, Santa María de Aguilar o San Martín de Elines, estos tres últimos en Campoo.

En lo político y económico, Liébana se incorporó al reino de Castilla. Alfonso VIII consolidó la monarquía, reforzó la eco-

El señorial castillo de Argüeso espera pacientemente al visitante.

La colegiata de San Pedro de Cervatos, en Campoo de Enmedio

minio de los señoríos laicos. Los monasterios perdieron su poder, perdurando solo en Santillana y Santander.

Con el tiempo, la adquisición de poder por parte de la nobleza daría lugar a la creación de villas aforadas, donde se concedería valor a los concejos, anulando así las dependencias feudales, lo que conduciría al reconocimiento de la burguesía y de ciertos privilegios para los ciudadanos. En este momento podemos decir que las villas con fuero experimentaron un fuerte avance económico y demográfico.

Durante el reinado de Felipe II y Carlos V, los puertos de Cantabria, en particular Laredo y Santander, jugaron un importante papel en la política imperial. De ellos partían las embarcaciones hacia el norte de Europa, en especial, base de flotas y armadas, lo que propició un notable desarrollo de la construcción naval en la zona.

El fin de la Edad Media en el siglo XV no había alterado la situación de desvertebración política y administrativa de Cantabria, compartimentada en villas y valles, realengos y señoríos, costa e interior. Los proyectos de unidad de las comarcas cántabras tomaron fuerza según se aproximaba el

nomía y desarrolló un gran potencial naval para los conflictos y también para las grandes relaciones comerciales que darían fruto en ultramar. No hay que olvidar que en esta época de exportaciones la lana y la amplia industria pesquera darán un fuerte impulso a su economía.

Así como la Alta Edad Media se caracterizó por el poder de los dominios monásticos, la Baja Edad Media supuso el do-

En 1890 se construyó el Seminario Mayor de Comillas, diseñado por Lluís Domènech i Montaner.

final de la Edad Moderna. A pesar de ello, desde el siglo XVII y durante la Ilustración, Cantabria se vio favorecida económicamente debido al gran auge del comercio en su ruta del norte hacia las nuevas posesiones en América.

A partir del siglo XIX

Durante el siglo XIX se iniciaron y desarrollaron diversos procesos que configurarían la Cantabria contemporánea. En el plano económico, triunfó la economía mercantil santanderina... hasta que llegó el declive, ligado a la producción vacuna y al sector minero. Socialmente fue el siglo de la hegemonía burguesa, aunque enseguida vería aparecer a la nueva clase media y el nacimiento de la clase obrera, pues finalizando el siglo surgieron las primeras organizaciones obreras.

Ya en el siglo XX, se produjo un gran impulso industrializador, gracias a las inversiones extranjeras y a que Santander se convirtió en el lugar de veraneo de los reyes y la nobleza, lo que contribuyó a darle fama de ciudad elegante y de rancio abolengo.

Los cambios iniciados en la anterior centuria se aceleraron y profundizaron, evolucionando la provincia hacia lo que sería la Comunidad Autónoma creada en 1983.

La localidad de Ontón cuenta con la presencia de una importante industria química.

Sin embargo, más allá del proceso autonómico, Cantabria tuvo que enfrentarse a la fulgurante destrucción de la industria y al grave deterioro de la pesca y la ganadería, sectores afectados por la incorporación de España a la CEE, hoy la UE. La consecuencia: un galopante incremento del desempleo. Esto obligaría a la región cántabra a enfocar su actividad hacia el sector terciario, implicándose de lleno en el sector servicios y en el turismo. Todo ello complementado por el éxodo interior, que llevaría a la población rural a la costa y los núcleos importantes, dando lugar a la notable expansión cultural urbana que se ha vivido en los últimos años.

Cantabria puede mirar al futuro con optimismo gracias a su ubicación envidiable y a sus excelentes infraestructuras.

Cantabria y sus regiones

La Comunidad Autónoma de Cantabria es una extensa despensa en la que se entrelazan mar y montaña. En sus 102 municipios se encierra la esencia gastronómica propia de un pueblo que ha sabido combinar el sabor con la calidad, el secreto de la buena mesa cántabra, construida a medida de los paladares más exquisitos. Cada una de las regiones que conforman esta comunidad es un auténtico filón de sabores con los que dejarse sorprender.

En la comarca de Santander le esperan al viajero lugares de enorme belleza.

La comarca de Santander

La bahía de Santander tiene un marcado carácter industrial y urbano. Esta comarca la conforman el propio municipio de Santander, que es su cabecera, y el arco de la bahía hasta el municipio de Penagos y la sierra de la Matanza.

Santander

Existen una serie de lugares imprescindibles en una visita a Santander; el principal es el palacio de la Magdalena, situado en la península del mismo nombre. Este palacio ha tenido una historia verdaderamente intensa y viene a reflejar la situación social y política de España a lo largo de los tiempos. En ocho décadas de ajetreada existencia ha sido desde residencia real hasta propiedad municipal, pasando por sede de la Universidad Internacional Menéndez Pelayo. Fue rehabilitado en 1995 y es sin duda el edificio más emblemático de la capital cántabra, así como uno de los más destacados ejemplos de arquitectura civil del norte de España. A pesar de que no está permitido acceder al palacio en sí, es posible recorrer sus jardines y su entorno. En la zona se puede visitar, además, un minizoo gratuito, con animales marinos que harán las delicias de los pequeños, si se viaja con niños. Por la zona del centro de Santander, el viajero debe visitar la plaza Porticada (plaza de Velarde), donde se encuentran edificios históricos con encanto. Si el cansancio de la caminata le puede, es una buena oportunidad para degustar un vino con alguna tapa en los numerosos bares que hay por los alrededores.

La bella plaza Porticada es el punto de encuentro de los santanderinos.

El espectacular palacio de la Magdalena, situado en la península homónima, fue residencia de verano de los reyes Alfonso XIII y Victoria Eugenia.

El barrio pesquero de Santander tiene una bien merecida fama por sus restaurantes y la calidad de sus pescados y mariscos.

En esta zona se encuentra la catedral de Santa María de la Asunción, de estilo gótico, pero con abundantes añadidos posteriores y reconstrucciones, a pesar de lo cual su aspecto actual no difiere demasiado del que tuvo originariamente. Se accede desde la calle Alfonso XIII y está situada sobre el cerro de Somorrostro, en el que con anterioridad al enclave religioso se ubicaron estructuras de la época romana, algunas de las cuales se pueden ver en la visita al edificio. En la actualidad alberga la sede del obispado de Santander.

La gastronomía de Santander está íntimamente ligada a la pesca, pues no en vano la costa de Cantabria alberga la mayor densidad de bahías, rías, estuarios y marismas de toda la vertiente cantábrica, en una superficie total de unos 50 km^2. Con esta estratificación costera es natural que la gastronomía santanderina esté fuertemente ligada a la pesca.

El hecho de estar situada cara a cara con el Cantábrico hace que entre las maravillas de la mesa santanderina reinen los productos relacionados con el mar. La bahía de Santander es rica en amayuelas (almejas) y morgueras (navajas) entre los mariscos, y panchos (besugo pequeño), bocartes, salmonetes, lubinas y sardinas entre los pescados, sin olvidar los cachones (variedad de sepia) o los sabrosos calamares.

La singular belleza de la catedral de Santander es debida a su arquitectura austera, que le proporciona un aspecto de fortaleza.

Hace más de diez mil años, los habitantes de sus riberas comenzaron a recolectar los frutos que el mar les ofrecía durante los periodos de marea baja y así se ha continuado haciendo hasta nuestros días. Hasta hace cincuenta años, los bivalvos cántabros de numerosas especies se extraían todavía de bancos naturales de forma artesanal. De estos bancos han salido muchas exquisitas almejas finas, las denominadas «amayuelas» *(Ruditapes decussatus),* para ser preparadas a la marinera, o las ricas navajas a la plancha, tan apreciadas por cualquier comensal.

Nada mejor que una caminata por el paseo de Pereda para abrir el apetito.

Si el viajero quiere disfrutar en Santander de todas estas maravillas pesqueras, debe empezar, claro está, por el barrio pesquero, localizado en el área del puerto. Por la zona encontrará múltiples tabernas marineras con variedad de platos, siempre relacionados con el lugar en el que está. Un buen ejemplo de ello es el restaurante Los Peñucas (Marqués de la Ensenada, 35), donde, si uno tiene paciencia en la espera, es posible degustar una rica paella marinera o unas sardinas frescas cocinadas a la brasa, con una buena relación calidad precio.

Para contemplar la bahía de Santander en todo su esplendor, hay que darse una caminata por el paseo de Pereda, situado en el centro urbano y que toma su nombre del escritor cántabro José María de Pereda. Es este un buen momento para pararse a tomar un aperitivo en Casa Lita, famosa en la zona por sus tapas tanto calientes como frías. Caminando en paralelo a la línea del muelle, se llega al Puertochico, por donde también discurre este itinerario gastronómico.

El Puertochico es un antiguo puerto que han transformado en puerto deportivo y que bajo el nombre de «Puertochic» se ha hecho popular entre la gente joven como lugar de encuentro en los numerosos bares de este conjunto de calles. En esta zona, que fue nido de raterillos (los denominados «raqueros», desaparecidos a raíz de la Guerra Civil), se ins-

En verano, el viajero no debe perderse una interesante excursión marítima por la bahía de Santander.

talaron numerosos mesones, donde antaño el plato de la casa eran las ricas sardinas asadas o la sabrosa marmita de bonito. En la actualidad, este barrio también cuenta con gran cantidad de locales dedicados a la restauración. La Brocheta (Bonifaz, 21) es una de las posibilidades, un local en el que tanto el menú del día como la carta son un acierto seguro. Muy recomendables son las brochetas de rape o el rico *risotto* de setas; y no se puede ir uno sin probar los postres caseros.

El barrio del Sardinero se encuentra junto a las playas, entre la península de la Magdalena y el faro de cabo Mayor. Su origen hay que buscarlo a finales del siglo XIX, con la moda burguesa de los llamados «baños de ola». Sin embargo, no se comenzó a urbanizar hasta el año 1849, y hoy conserva un conjunto de edificios de finales del siglo XIX y de principios del XX. Las construcciones más singulares de la zona son el Gran Hotel (actualmente Hotel Sardinero) y el Gran Casino. Este último es un bonito edificio, obra del arquitecto Eloy Martínez del Valle, construido en el año 1913. En esta zona el viajero puede disfrutar de casi 2 km de fina arena en las playas de la Segunda, la Primera, la Concha y el Camello. Esta área fue durante mucho tiempo un gran caladero de sardinas y ahí está el origen de su nombre.

Hacia mediados del mes de julio, aquí se evocan los famosos baños de ola con una fiesta que permite a los visitantes retroceder en el tiempo hasta el siglo XIX, ya que rememora la época en que Alfonso XIII y la alta burguesía veraneaban en la ciudad y se bañaban en la playa del Sardinero. Engalanados con las vestimentas propias del XIX, los participantes se dan un chapuzón o visitan los puestos de artesanía que se montan en la zona. Además, en la terraza de la playa Primera se instala una falla que tras la fiesta se quema en una gran hoguera. Los temas que se eligen para protagonizar la falla suelen representar algún personaje típico del siglo XIX en las playas de Santander.

En 1916 se construyó el emblemático Gran Casino Sardinero.

En el Sardinero también puede el viajero parar a comer en cualquiera de los establecimientos hosteleros que encontrará. Si busca un agradable entorno para sentarse a yantar, puede pedir mesa en Deluz (Ramón y Cajal, 18), un antiguo chalet que han rehabilitado para convertirlo en restaurante. Una mezcla de antiguo y nuevo conviven no solo en lo decorativo,

Tómese un descanso para broncearse en la elegante playa del Sardinero antes de seguir el viaje gastronómico por tierras cántabras.

Una excursión marítima ofrece una espléndida vista panorámica de la ciudad de Santander y sus playas.

El Puertochico de Santander constituye uno de los lugares más apreciados por los lugareños.

sino también en lo gastronómico; prueba de ello son su terrina de *foie* a la parrilla con pan de avellanas o sus pescados del día de San Vicente a la plancha con verduritas y patatas panadera.

Corbán

A las afueras de la ciudad, en la zona de Corbán y sus alrededores, se puede concluir este paseo gastronómico por Santander aprovechando para visitar el monasterio de Corbán. Fue construido en el siglo XV y de él se conservan el claustro y la iglesia. En Corbán se encuentran también establecimientos hosteleros de los de antes, donde degustar exquisitos productos. En Casa Miguel (Avda. Virgen del Mar, 4) se puede disfrutar de una buena mariscada a base de langostinos al ajillo, bogavante, centollo del Cantábrico, almejas, carabineros, etc., para que el viajero se lleve en la boca el regusto de la buena mesa santanderina.

Camargo

En la comarca de Santander también se puede visitar Camargo. El valle de Camargo cuenta con un importante patrimonio arqueológico, ya que se conservan yacimientos de cronología prehistórica, romana y medieval, muchos de ellos con posibilidad de ser visitados. Así, de la prehistoria se encuentra el importante asentamiento de la cueva de El Pendo, uno de los más grandes yacimientos de la región cantábrica, que posee en su interior un magnífico conjunto de pinturas paleolíticas. Ya de época histórica, es muy ilustrativo el yacimiento romano-medieval de San Juan de Maliaño, con sus termas romanas de los siglos I al VI d. C. y una *domus*, así como los vestigios de una iglesia románica alrededor de la cual se dispuso un cementerio en época medieval. De esta misma época son la necrópolis de San Pedro de Escobedo, junto a la iglesia parroquial, y el castillo de El Collado.

Con el cachón se elaboran ricos platos.

Entre los platos populares de la zona destaca el cachón; tanto es así, que a los vecinos de Maliaño se les denomina popularmente «cachoneros», por su antigua dedicación a la captura de este cefalópodo con el que se elaboran apreciados platos. La manera más habitual de preparar el cachón es guisarlo en su tinta con cebolla y, si se quiere, añadiendo unas patatas. Desde hace algunos años se organiza cada primavera el Festival del Cachón, orientado a la difusión de este producto. El programa de actos incluye degustación popular, salida al

mar, elección del cachonero mayor, concurso de pintura infantil, además de unas jornadas gastronómicas en honor del cachón, por supuesto.
Si el viajero está de paso y se queda a comer, puede hacerlo en El Tocinero (barrio Barros), una taberna con veinticinco años de solera. Si le cuesta elegir, le recomendamos que pruebe sus alubias con almejas o su cocido lebaniego.

Piélagos

En esta zona de Cantabria se puede visitar también Piélagos. En este municipio se encontró uno de los restos más definitorios de la identidad cántabra, la estela de Zurita, de los siglos II-III a. C. Se trata de un disco de piedra arenisca de 2 m de diámetro labrada con bajorrelieves. Junto con las estelas del valle de Buelna, se ha convertido en el símbolo más significativo de la comunidad cántabra. El hallazgo de esta estela junto al palacio de la Rueda, en Zurita, es la primera muestra de la importancia que tiene este valle. En Piélagos se puede comer en la afamada Casa Setién (barrio del Puente, 5-6) con cocina tradicional y de mercado. Entre los platos más recomendables están el pastel de setas y champiñones con vinagreta de jerez templada, así como la ventresca de bonito encebollada con cebolla roja de Oruña, o el plato estrella: venado macerado al vino viejo y estofado.

La bahía de Santander ofrece un espectáculo permanente.

El Astillero

En la misma comarca se encuentra El Astillero, que ha sido considerado tradicionalmente uno de los municipios industriales de Cantabria. En esta zona la confluencia de las rías y la costa de la bahía genera una gran extensión de humedales, entre los que destacan las marismas Blancas, donde anidan durante todo el año diversas aves migratorias, un espectáculo digno de admirar; esta zona está considerada como una importante reserva ornitológica. Tras el avistamiento de aves el viajero puede recuperar fuerzas en La Cacharra (San José, 41), un local en el que se puede tomar menú o elegir en la carta. Entre sus especialidades se encuentra el arroz caldoso con bogavante, que se prepara por encargo, aunque cualquiera de sus platos de cuchara es altamente recomendable, sobre todo si se riega con uno de los caldos de su amplia carta.

Miengo

Miengo se encuentra en la zona costera central de la región. Lo más típico para degustar en este municipio son las angulas. La presencia del río Pas hace que abunden y que su calidad sea notable. Una buena tapa de angulas es muy sencilla de preparar: tras cocer las angulas, se prepara un aliño con aceite, zumo de limón, sal y pimienta, en el que se introducen las angulas, y se las deja macerar 10 minutos. Con un diente de ajo se untan las rebanadas de pan tostado y se forman montoncitos de angulas. Se disponen encima de las rebanadas de pan y se degustan en la misma villa donde se capturan... ¡Una delicia!
En Miengo se localizan dos importantes yacimientos arqueológicos: las cuevas de Cudón y La Pila, en Cuchía. La cueva de Cudón fue descubierta a principios de la década de 1930. Custodia varios depósitos con restos materiales del Paleolítico Inferior, Medio y Superior, prehistoria reciente, periodo romano, tardoantiguo y medieval. Además, alberga un gran número de manifestaciones artísticas tanto paleolíticas como de épocas más tardías, entre las que destacan más de 200 representaciones, como

En Miengo hay que probar las angulas.

En la costa de Miengo el viajero puede perderse en interminables playas.

un conjunto de pinturas rojas y grabados, que reproducen en ambos casos motivos sencillos. Se han identificado unos 1.300 paneles de marcas negras de motivos abstractos, algunos complejos, varios antropomorfos, y un ave de gran tamaño. La cueva de Cudón fue declarada Bien de Interés Cultural en 1998. En ese mismo año, la cueva de La Pila desapareció por completo tras ser excavada de urgencia ante la amenaza del avance de una cantera dedicada a la extracción de caliza.

En el municipio de Miengo, concretamente en Bárcena de Cupón, se celebra el 15 de mayo, durante la festividad de San Isidro Labrador, una exposición de ganado vacuno que se suele acompañar de comida campestre y concurso de arrastre de bueyes. De manera habitual se organiza un mercadillo de productos típicos en donde el viajero podrá adquirir lo mejor de la gastronomía cántabra.

En esa misma localidad se puede degustar la comida tradicional que ofrecen los fogones de La Antigua (barrio Valleja).

Penagos

En Penagos lo primero que se debe probar es un buen plato de guisado de romería, que es el típico del municipio. Se cocina a base de una rica falda de ternera, patatas, verduras y champiñones.

En su término municipal se localiza una parte del macizo de peña Cabarga, declarado en 1983 Punto de Interés Geológico. Pero, sin duda, todo el que pasa por Penagos no deja de visitar el Parque de la Naturaleza de Cabárceno, un espacio natural de 750 ha que se encuentra situado entre los municipios de Penagos y Villaescusa. En él conviven en semilibertad un buen número de especies de animales de los cinco continentes, así como fauna ibérica y cantábrica, lo que hace posible que se reproduzcan naturalmente. Sus instalaciones disponen de varios lagos en los que se puede practicar la pesca de truchas. Cuenta además con miradores panorámicos, áreas de paseo, parque infantil y un aula de educación medioambiental donde se desarrolla un programa de actividades didácticas. El parque puede ser visitado con co-

Una visita al Parque de la Naturaleza de Cabárceno con sus animales en semilibertad es una buena opción para los viajeros con niños.

modidad, pues tiene una extensa red de pistas asfaltadas que permite recorrerlo en coche. Y si se prefiere caminar o ir en bicicleta, existe una serie de rutas alternativas para hacerlo.

A cinco minutos del parque se encuentra el restaurante La Yerbita (barrio de Sobarzo, calle del Dueso, 3), un lugar agradable donde se puede pedir el menú del día o escoger platos de la carta. Una recomendación: lomo de venado con *foie* fresco y, de postre, una deliciosa leche frita casera.

En toda la comarca de Santander podemos disfrutar de platos preparados con los mejores productos del mar.

Santa Cruz de Bezana

En Santa Cruz de Bezana se encuentra el paseo marítimo de Soto de la Marina, que enlaza con San Juan de la Canal tras algo más de 1 km de recorrido, lo que permite disfrutar de toda la belleza que alberga la costa de este municipio cántabro. Santa Cruz es famosa por su noche de San Juan, cuando miles de personas se dan cita cada año en la playa de San Juan de la Canal, en Soto de la Marina, para asistir a la hoguera.

Gastronómicamente, este municipio es conocido por sus pescados y mariscos. Las langostas, los centollos, y sobre todo los calamares son algunos de los más solicitados para dar alegría al paladar en Santa Cruz de Bezana. Para degustar otros platos el viajero puede «hacer mesa» en el hotel restaurante Alcamino (Navalías, 10, en Mompía), donde no debe dejar de probar las verduras en cualquiera de sus variedades, ya que tienen huerta propia, además de ganadería, de ahí la calidad de su carne de buey. Cuentan con una terraza en el jardín para disfrutar de una agradable sobremesa.

Villaescusa

El municipio cántabro de Villaescusa es conocido por la calidad de la materia prima de sus huertos. Las legumbres son el principal cultivo de las pequeñas plantaciones que se ven junto a muchas de las casas del valle. Entre las múltiples variedades de la zona tenemos que destacar los caricos o alubias rojas, así como las alubias blancas, que sirven de base para algunos de los platos más populares de Cantabria. Durante el mes de marzo, Villaescusa celebra las Jornadas Gastronómicas del Potaje de Villaescusa, en las que se puede disfrutar de algunos de los platos típicos de la zona, entre los que están los garbanzos al estilo Obregón, el bacalao riosequillo o la leche frita de Hoyas.

Centollo

La fiesta de la Virgen de Socabarga, patrona de Villaescusa, se celebra el 8 de septiembre. Además de la participación en diversos actos lúdicos, que incluyen concursos de tiro de cuerda y la llamada «suelta del chon encebado» (cerdo cebado), se ofrece a los visitantes la oportunidad de degustar diversos y suculentos platos y tentempiés típicos de la gastronomía cántabra.

Un lugar ideal para disfrutar de la cocina de la zona es La Almazara y el Majuelo (barrio Merecía, 3), una tienda-taberna en la que no solo se pueden saborear productos típicos como la sidra de Cantabria o los embutidos, sino que además es posible adquirirlos en el propio establecimiento. Cuidado, que el local cuenta con una destacada vinoteca con más de doscientos tentadores vinos. La vida minera de Villaescusa desde finales del siglo XIX hasta el año 1989 hace, además, que se encuentre aquí un patrimonio industrial de gran interés, compuesto por líneas de ferrocarril, planos inclinados, lavaderos, etc.

Lubina al estilo de Santander

PARA 4 PERSONAS

DIFICULTAD: MEDIA

TIEMPO: 1 HORA Y 30 MINUTOS

Ingredientes:

4 rodajas de lubina
2 cebollas
3 patatas
2 zanahorias
4 huevos
2 hojas de laurel
el zumo de 1 limón
200 ml de vino blanco
1 ramita de perejil
2 cucharaditas de vinagre
50 ml de aceite de oliva
pimienta
sal

Preparación:

- Cocer uno de los huevos durante 12 minutos.
- En una cazuela con agua echar una cebolla pelada y partida por la mitad, las zanahorias peladas, el laurel, el zumo de limón, sal, pimienta y el vino blanco.
- Dejar cocer durante 30 minutos y entonces añadir al caldo las cuatro rodajas de lubina. Cocer todo durante 10 minutos aproximadamente, dependiendo del grosor de los trozos de pescado.
- Mientras tanto, lavar las patatas y ponerlas a cocer sin pelar en una olla con abundante agua con sal.
- Pelar la otra cebolla y picarla muy finita. Picar el perejil muy menudo. Majarlo en el mortero junto con la cebolla y reservar.
- Una vez cocidas las patatas, pelarlas y cortarlas en trocitos. Majarlas junto con la cebolla y el perejil reservados, o bien pasar todo por la batidora.
- De los tres huevos restantes, separar las yemas y echarlas en un recipiente grande junto con el majado de patata y con la yema del huevo duro.
- Mezclar todo bien e incorporar poco a poco el aceite, sin dejar de remover. Añadir un poco de sal y el vinagre; mezclar. Si la salsa queda muy espesa, se puede agregar agua tibia hasta conseguir la textura adecuada.
- Sacar las rodajas de lubina del caldo y disponerlas en una fuente. Rodearlas con las zanahorias cortaditas en rodajas y la clara del huevo duro picadita.
- Acompañar con la salsa.

Sardinas en escabeche

PARA 6 PERSONAS

DIFICULTAD: BAJA

TIEMPO: 35 MINUTOS (MÁS EL TIEMPO DE MACERACIÓN)

Ingredientes:

1 kg de sardinas frescas
2 dientes de ajo
2 hojas de laurel
1 cucharada de pimentón
1 ramita de estragón
200 ml de vino blanco
200 ml de vinagre de vino
aceite para freír
sal

Preparación:

- Limpiar bien las sardinas, retirando la cabeza y los intestinos.
- Secarlas con un paño, salarlas y freírlas en abundante aceite caliente.
- Disponerlas en una cazuela de barro, bien colocaditas.
- Pelar los dientes de ajo, cortarlos en láminas y rehogarlos en el mismo aceite de freír las sardinas.
- Añadir el pimentón, remover y retirar del fuego.
- A continuación, agregar las hojas de laurel partidas en trozos, las hojas de estragón, el vino y el vinagre. Remover, poner de nuevo la sartén al fuego y dejar hervir unos minutos más.
- Verter el escabeche en la cazuela sobre las sardinas, cubriéndolas bien. Dejarlas reposar en la nevera durante 48 horas.

Lubina al estilo de Santande

Mejillones a la santanderina

PARA 4 PERSONAS

DIFICULTAD: MEDIA

TIEMPO: 1 HORA

Ingredientes:

2 kg de mejillones
3 dientes de ajo
1 cebolla mediana
600 g de tomates
3 cucharadas de aceite de oliva
1 cucharada de pan rallado
50 ml de jerez seco
1 ramita de perejil
sal

Preparación:

- Lavar los mejillones debajo del chorro de agua fría y quitarles las barbas que pudieran tener.
- Pelar la cebolla y picarla; reservar.
- Poner al fuego una olla con agua. Hacer una muesca en forma de cruz en la base de cada tomate. Cuando el agua hierva, escaldar los tomates 2 minutos. Retirarlos del agua y pelarlos. Cortarlos en cuartos y eliminar las semillas. Reservarlos.
- Echar en una cazuela de barro el aceite de oliva y ponerla al fuego. Cuando el aceite esté caliente, rehogar la cebolla a fuego lento hasta que quede transparente.
- Añadir entonces los tomates y dejar cocer todo a fuego muy lento durante unos 20 minutos.
- Incorporar los mejillones a la cazuela y remover con una cuchara de madera.
- Majar en el mortero los dientes de ajo pelados y picados, el perejil troceado y un pellizco de sal; agregar el jerez y el pan rallado. Echar esta mezcla sobre los mejillones.
- Tapar la cazuela de barro y dejar cocer a fuego lento hasta que los mejillones se abran, aproximadamente 15 minutos.
- Para servir, retirar la valva vacía de cada mejillón, disponerlos en una fuente y echar por encima la salsa.

Angulas a la cazuela

PARA 4 PERSONAS

DIFICULTAD: BAJA

TIEMPO: 30 MINUTOS

Ingredientes:

600 g de angulas
4 dientes de ajo
4 aros de guindilla
100 ml de aceite de oliva
sal

Preparación:

- Poner las angulas en una cazuela con un poco de agua y cocerlas a fuego medio durante 20 minutos. Escurrir y reservar.
- Echar el aceite de oliva en una cazuela de barro y ponerla al fuego.
- Pelar los dientes de ajo, cortarlos en láminas finitas y echarlas en la cazuela junto con la guindilla. Cuando el ajo esté dorado, retirar la cazuela del fuego y dejar que se enfríe un poco.
- Agregar las angulas cocidas a la cazuela de barro y volver a ponerla al fuego. Remover lentamente con una espátula de madera para que las angulas se hagan poco a poco. Mantener a fuego vivo hasta que estén en su punto.
- Salar y servir.

Mejillones a la santanderina

Arroz a la santanderina

PARA 4 PERSONAS
DIFICULTAD: BAJA
TIEMPO: 1 HORA Y 30 MINUTOS

Ingredientes:

300 g de arroz
600 ml de agua
50 g de mantequilla
150 ml de leche
4 lonchas de jamón
sal

Preparación:

- Poner a cocer el arroz en una cazuela de barro con el agua. Cuando el arroz esté casi hecho, incorporar la mitad de la mantequilla y la leche; salar. Añadir al final el jamón cortado en trozos pequeños.
- Mezclar bien y dejar cocer unos minutos más. Cuando el caldo esté completamente consumido, retirar el arroz del fuego.
- En este momento, rociar por encima el resto de la mantequilla derretida y meter el arroz en el horno precalentado a 200 °C durante 5 minutos, para que se dore.
- Retirarlo del horno y servir caliente.

Cazuela de bonito

PARA 4 PERSONAS
DIFICULTAD: MEDIA
TIEMPO: 50 MINUTOS

Ingredientes:

4 rodajas de bonito
2 cebollas medianas
4 pimientos verdes
4 dientes de ajo
100 ml de vino blanco
harina para rebozar
60 ml de aceite de oliva
pimienta negra recién molida
sal

Preparación:

- Salar las rodajas de bonito.
- Poner el aceite a calentar en una sartén. Cuando esté caliente, rebozar las rodajas de pescado en harina y freírlas vuelta y vuelta. Retirar y reservar.
- Verter el aceite restante en una cazuela de barro y ponerla a fuego medio.
- Pelar las cebollas y picarlas en juliana. Limpiar los pimientos y cortarlos en trocitos. Pelar los ajos y cortarlos en láminas.
- Cuando el aceite esté caliente, echar en él la cebolla y el pimiento. Bajar un poco el fuego y dejar que la verdura se vaya cocinando despacito.
- Cuando la cebolla empiece a estar transparente, añadir el vino blanco (reservar un poquito para después), pimienta recién molida y una pizca de sal.
- Disponer encima las rodajas de bonito reservadas y añadir otro chorrito de vino blanco.
- Dejar cocer unos 10 minutos y dar la vuelta al pescado para que se haga por el otro lado.
- Al cabo de unos 5 minutos, retirar la cazuela del fuego para que las rodajas de bonito no pierdan demasiado jugo.
- Dejar que se terminen de cocinar con el calor que desprende la cazuela.
- Servir caliente.

Arroz a la santanderina

Jibiones encebollados

PARA 4 PERSONAS
DIFICULTAD: MEDIA
TIEMPO: 1 HORA

Ingredientes:

800 g de jibiones (chipirones)
4 cebollas
4 pimientos verdes
100 ml de aceite de oliva
sal

Preparación:

- Lavar y limpiar bien los chipirones por dentro y por fuera. Retirar la piel oscura que los cubre, lavarlos bajo el grifo y reservar.
- Pelar y picar las cebollas muy finas; reservar.
- Poner a fuego medio una sartén honda con el aceite. Cuando esté caliente, añadir la cebolla picada y rehogarla hasta que se dore. Añadir un poco de sal y retirarla de la sartén con una espumadera; reservar.
- Limpiar los pimientos verdes y cortarlos en trocitos. Ponerlos a freír en la sartén con el aceite que haya quedado de sofreír la cebolla.
- Cuando los pimientos estén en su punto, añadir los chipirones y rehogar todo junto 25 minutos.
- Pasado este tiempo, incorporar la cebolla y rehogar todo 25 minutos más o hasta que los chipirones estén tiernos.
- Retirar del fuego y servir caliente.

Cachón en su tinta

PARA 4 PERSONAS
DIFICULTAD: ALTA
TIEMPO: 1 HORA Y 30 MINUTOS

Ingredientes:

1 cachón de 1,5 kg aprox. (sepia)
2 cebollas grandes
2 dientes de ajo
200 ml de tomate frito
la tinta del cachón
1 ramita de perejil
1 vaso de vino blanco seco
aceite de oliva
sal

Preparación:

- Lavar bien el cachón por dentro y por fuera, y eliminar la piel oscura que lo cubre. Trocearlo en dados medianos.
- Pelar las cebollas y cortarlas en daditos muy menudos.
- Poner al fuego una cazuela con aceite y sofreír la cebolla a fuego fuerte. Remover hasta que empiece a estar transparente y después bajar el fuego al mínimo. Dejar la cebolla al fuego hasta que se dore, unos 10 minutos.
- Majar en el mortero los ajos pelados y picados junto con el perejil; agregar el vino blanco y reservar.
- Echar en la cazuela con la cebolla los trozos de cachón hasta que se doren ligeramente. Una vez dorados, añadir el majado.
- Esperar a que el vino se evapore y añadir entonces el tomate; remover.
- Aparte, en un vaso con un poco de agua, verter la tinta del cachón y remover. Verter la tinta en la cazuela.
- Hay que tener en cuenta que el cachón ha de quedar completamente cubierto de líquido. Si fuera necesario, añadir agua.
- Cocer todo a fuego lento durante unos 40 minutos. Ir añadiendo agua si el guiso se secase.
- Servir el cachón decorado al gusto.

Bonito encebollado

PARA 4 PERSONAS
DIFICULTAD: MEDIA
TIEMPO: 30 MINUTOS

Ingredientes:

4 rodajas de bonito del norte
2 cebollas medianas
4 pimientos verdes
4 dientes de ajo
100 ml de vino blanco
harina para rebozar
60 ml de aceite de oliva
pimienta negra recién molida
sal

Preparación:

- Salar las rodajas de bonito.
- Poner el aceite a calentar en una sartén.
- Cuando el aceite esté caliente, rebozar las piezas en harina y freír vuelta y vuelta. Retirar y reservar.
- Verter el aceite restante en una cazuela de barro y poner a fuego medio.
- Pelar y picar en juliana las cebollas. Cortar en trozos pequeños los pimientos y pelar y cortar los ajos en láminas. Cuando el aceite esté caliente echar en él cebollas y pimientos troceados. Bajar un poco el fuego y dejar que la verdura se vaya cocinando lentamente.
- Cuando la cebolla empiece a estar transparente añadir el vino blanco (dejar un poquito para después), la pimienta recién molida y una pizca de sal.
- Coger las rodajas de bonito reservadas, depositarlas sobre la cebolla y añadir otro chorro pequeño de vino blanco.
- Dejar cocer unos 10 minutos y dar entonces la vuelta a las rodajas para que se cocinen por los dos lados.
- Después de unos cinco minutos retirar del fuego para que las rodajas de bonito no pierdan demasiado jugo y se queden muy secas.
- Dejar que se terminen de cocinar con el calor que desprende la cazuela.
- Retirar y servir caliente.

Sardinas a la santanderina

PARA 4 PERSONAS
DIFICULTAD: BAJA
TIEMPO: 40 MINUTOS

Ingredientes:

1 kg de sardinas
pan rallado para rebozar
1 cabeza de ajo
1 ramita de perejil
1 limón
aceite de oliva
sal

Preparación:

- Limpiar las sardinas y quitarles la espina y las escamas.
- Disponerlas en una bandeja para horno previamente engrasada con aceite y rociarlas con un poco de sal y un chorro de aceite de oliva.
- Majar en un mortero los ajos pelados y picados junto con el perejil. Añadir pan rallado, mezclar y cubrir las sardinas con este preparado.
- Introducir la bandeja en el horno precalentado a 180 °C durante unos 20 minutos o hasta que las sardinas estén en su punto.
- Servirlas acompañadas de trozos de limón.

Bonito encebollac

¿Para qué buscar más? Rincones como este los encontrará en la Costa Occidental cántabra.

La Costa Occidental

Esta comarca tiene un marcado carácter urbano y se extiende desde Val de San Vicente hasta Santillana del Mar.

Val de San Vicente

Esta localidad está situada en el área más occidental de la costa cántabra. De su patrimonio histórico se puede visitar la torre medieval de Estrada, que fue declarada Bien de Interés Cultural. También destacan en su arquitectura civil numerosas hileras de viviendas montañesas y casonas de los siglos XVII al XIX esparcidas por los pueblos de Luey, Molleda, San Pedro de las Baheras, Helgueras, Río... y también en la capital del municipio, Pesués.

Unquera

En esta zona se encuentra la localidad de Unquera, famosa por sus corbatas de hojaldre, que se han convertido en el producto gastronómico estrella del lugar. Hay en la región varios obradores dedicados a la elaboración tradicional de este postre con forma de pajarita o corbata.

Y ya que pasa el viajero por este pueblo, puede parar a comer en Casa Samuel (Remigio Noriega, 3) y, antes de hincar el diente a las corbatas, probar el arroz con almejas y el pollo casero que preparan aquí.

San Vicente de la Barquera

Quien pasa por San Vicente de la Barquera no tiene disculpa para irse sin probar el sorropotún, una variante de la marmita de bonito. Los principales ingredientes con los que se elabora son un buen bonito cántabro, patata y cebolla. Es el típico plato marinero de San Vicente de la Barquera, protagonista fundamental del Día del Mozucu, jornada en la que se reparten en torno a 5.000 raciones. Para la preparación de este gigantesco guiso se precisan 1.700 kg de patatas, 700 kg de bonito, 200 kg de cebolla roja y 80 l de aceite de oliva. Nada como visitar el pueblo a principios de septiembre para disfrutar de este exquisito plato junto a la playa del Merón, en esta fiesta declarada de Interés Turístico Regional.

Sorropotún, plato estrella.

San Vicente de la Barquera está situado en un magnífico entorno, el del Parque Natural de Oyambre, cuya riqueza ecológica y paisajística se debe a que aúna acantilados, playas, rías, marismas y bosques caducifo-

Una parada para comer: San Vicente de la Barquera, con su olor a mar y su atractivo entorno.

La iglesia de Nuestra Señora de los Ángeles

El castillo de San Vicente de la Barquera

En San Vicente de la Barquera el pescado fresco está garantizado.

lios. San Vicente cuenta, asimismo, con preciosas playas y, en la parte alta de la villa, un magnífico casco antiguo muy bien conservado que bien vale una visita, como lo prueba que fuera declarado Conjunto Histórico Artístico. Además de la iglesia de Nuestra Señora de los Ángeles, se puede visitar el castillo, que está restaurado y se ha abierto al público como centro cultural. Su interior acoge exposiciones e incluso un pequeño museo de historia local.

Entre los muchos restaurantes que se encuentran en San Vicente, uno altamente recomendable es el Boga-Boga (Pza. José Antonio, 9), sobre todo para degustar pescados y mariscos. Cualquier elección será buena y, para poner un broche de oro a la comida, una porción de su rica tarta de almendra. Sabor marinero garantizado en este local.
Otra buena opción para comer, en este caso de menú, es el restaurante Los Arcos (Avda. Generalísimo, 11), donde la calidad de los platos es excelente, igual que la de su rica tarta de queso.

Valdáliga

La tradición agropecuaria de Valdáliga ha definido también su gastronomía, que está basada en los productos de la tierra, combinados con carnes de animales alimentados con pastos naturales, pero también con excelentes pescados. No debemos olvidar que este municipio aúna la Cantabria ganadera y la marinera.

Paz y sabor marinero... Así es la vida en San Vicente de la Barquera.

La leche es también una materia prima altamente recomendable en la zona y fruto de ella son algunos postres típicos. No se debe renunciar aquí a un buen arroz con leche, a la leche frita o a cualquiera de los quesos de oveja que nos ofrecerán en sus restaurantes.

Comillas, un lugar para quedarse y disfrutar de sus bellos parajes y sus singulares obras arquitectónicas.

Resulta muy interesante visitar sus molinos y sus pozos salados, ya que estos últimos prueban la existencia de una interesante actividad de extracción y elaboración de la sal a fuego; no hay más que ver los ejemplos de los restos de pozos salados de Treceño y Caviedes.

Además de estos pozos, en Valdáliga se pueden visitar los molinos conservados, como el del barrio de La Vega, en Roiz, el único de la zona en funcionamiento; el de Bustriguado, que aunque está rehabilitado como vivienda conserva la maquinaria, o el de Bustillo, en el barrio de las Cuevas. El otro molino localizado en este último barrio ha sido rehabilitado como Museo de los Molinos.

Y si los molinos le abren al visitante el apetito, recomendamos una parada en Casa Cofiño (Caviedes), previa reserva, porque siempre está a tope; se puede comer uno de los mejores cocidos montañeses de la zona, con tropezones de carne para dar y tomar.

Comillas

Esta localidad es conocida como «villa de los arzobispos» por ser tierra natal de un buen número de religiosos que llegaron a alcanzar altos cargos dentro de la Iglesia. Además, es considerada la capital de las villas marineras dedicadas a la pesca de la ballena desde el siglo XVI al siglo XVIII, y fue el último puerto ballenero del Cantábrico.

En Comillas se encuentran importantes tesoros del modernismo catalán dignos de visitar, como el palacio de Sobrellano y su capilla-panteón, la Universidad Pontificia y El Capricho de Gaudí.

Se puede decir, además, que antes de ese momento de esplendor artístico, en Comillas ya se había configurado un casco antiguo con una interesante arquitectura popular en torno a la iglesia parroquial y a la casa consistorial, que es un edificio del siglo XVIII. Esta zona de Comillas está declarada Conjunto Histórico desde 1985.

En Comillas es posible disfrutar en verano de las parrilladas al aire libre, ocasión para degustar los mejores pescados autóctonos: bonito, bocarte y sardina. Y es que, como toda la costa cántabra, Comillas destaca por sus productos del mar, especialmente en este caso el erizo, alimento que encontramos en abundancia en la zona, con ejemplares de gran calidad y sabor. En Cantabria gusta comer las huevas de erizo

El Capricho de Gaudí, en Comillas, nos hace sentir como si nos encontrásemos en un cuento fantástico.

La playa de Comillas, con su arena fina y dorada, invita a un tranquilo paseo por el borde del mar.

de mar crudas, a veces con unas gotas de limón. Se puede preparar el erizo de infinitas maneras, pero un plato típico de esta zona es gratinado al horno, relleno con una mezcla de cebolla, mantequilla, crema de leche y un chorro de cava. El viajero amante del pescado también puede disfrutar en Comillas de un buen congrio a la cazuela o de unos pescados a la plancha como los que se sirven en el restaurante La Aldea (La Aldea, 5), donde también recomendamos su ensalada de *foie* y el queso al horno con mermelada casera.

El último fin de semana de agosto se organiza en Comillas un concurso-exposición de ganado de carácter regional. En él se reúnen ejemplares de cabañas de ganado frisón. El evento se lleva a cabo en el parque del palacio de Sobrellano, donde además se celebra un campeonato de arrastre de bueyes y vacas y de corte de troncos con hacha, que cuenta ya con más de cincuenta años de tradición.

Del mar a la boca... ¡Esto es vivir!

El 30 noviembre se celebra también en Comillas, en Trasvía concretamente, la fiesta de San Andrés, durante la cual se obsequia a cada visitante con pan, vino, caldo y huevos; por ese motivo se conoce la fiesta como San Andrés de los Huevos.

Otro famoso evento gastronómico es la Fiesta de la Caballa. Se celebra tres semanas antes de Semana Santa y en ella, durante siete días, los locales de hostelería de Comillas ofrecen numerosos platos a base de este rico pescado azul. En esta fiesta se regala a todos los presentes unos trozos de caballa frita, con pan y vino, todo ello amenizado con música y baile.

El erizo de mar es la estrella de la gastronomía de Comillas.

Udías

En Udías merece la pena parar y disfrutar de unos ricos garbanzos con chirivías. La chirivía es una planta de tallo acanalado y hojas similares a las del apio, flores pequeñas y amarillas, y raíz blanca o rojiza, carnosa y comestible; se parece a la zanahoria y tiene un sabor dulce. En tiempos de los romanos las chirivías eran tan populares como lo son hoy en día las patatas. En Udías es costumbre prepararlas con garbanzos y carne de cerdo.

Feas pero deliciosas. Las chirivías se saborean mejor en Udías, acompañadas de ricos garbanzos.

El pasado minero de la zona de Udías se constata en los restos de las antiguas explotaciones mineras que estuvieron funcionando desde mediados del siglo XIX hasta principios del XX. Para conocer ese pasado de minas de la zona, son interesantes las tres torres de transporte aéreo de mineral de las instalaciones de la Real Compañía Asturiana de Minas, así como el punto de carga del material, situado en las cercanías de la estación de Ontoria.

Un buen lugar para despertarse en Udías es la posada rural Sel de Breno (barrio Valoria, 1) donde se puede saborear la fantástica repostería artesanal y la quesada casera cántabra, ideal para coger fuerzas y seguir con el recorrido por la comarca.

Celebran en Udías el 8 de septiembre la fiesta en honor a Nuestra Señora de la Caridad o Virgen del Mozucu. Se festeja en el barrio de la Virgen en honor a una «intervención milagrosa» que libró a la zona de la peste. Durante esta jornada se puede degustar el sorropotún de bonito y cebolla. Existe la costumbre de hacer una pequeña peregrinación con bonitas carrozas tiradas por tractores.

Otra fiesta con tintes gastronómicos es la de San Roque, que se celebra el día 16 de agosto en las localidades de Toporias, Bustablado y Duña. En esta jornada se organiza la llamada «rueda de San Roque», una comida en honor del santo que se ofrece a los peregrinos que acuden a visitarle y que organiza una cofradía. El plato consiste en un guiso de carne de vaca con garbanzos y chirivías, sazonado con azafrán y sal. Su origen se remonta a una promesa hecha hace varios siglos, también durante una epidemia de peste.

Ruiloba

Es otro municipio costero y por eso entre sus especialidades, además de la comida casera tradicional y los derivados lácteos, se encuentran los pescados, especialmente el rodaballo. En este municipio se encuentra la punta del Miradorio, un acantilado marino aplanado donde se pueden observar estructuras geológicas a base de pliegues y fallas. La punta del Miradorio se acaba hacia el este en la ensenada Fonfría y en ella está ubicada una piscifactoría de rodaballos.

En Ruiloba también se puede visitar la cueva de El Portillo I, un yacimiento prehistórico descubierto en 1979 en el cual se han identificado diversas manifestaciones de arte rupestre paleolítico. La primera muestra fue un punto rojo hallado a principios de la década de 1980. Con posterioridad fueron localizadas nuevas manchas rojas y algunas violetas, así como dos paneles de grabados gruesos. Toda una joya de la prehistoria cántabra.

En el folclore de esta zona tiene especial importancia la conocida como «danza de las lanzas», ya es una de las más ancestrales de Cantabria, y tiene su origen en el siglo XVI. Al son del tambor se practica en Ruiloba este baile en honor a la Virgen de los Remedios el 2 de julio. Participan en la danza veintiún mozos que sostienen en sus manos varas que representan lanzas, pintadas en dos colores o forradas con papeles o cintas; realizan en torno a ellas multitud de hábiles ejercicios.

Un buen lugar para sentarse a disfrutar de mesa y mantel en Ruiloba es el restaurante El Remedio (Ermita del Remedio, s/n). Entre sus apetecibles platos podemos mencionar los bocartes empanados rellenos de tocino ibérico con *mousse* de queso fresco pasiego; el flan de morcilla de Villada con quesuco de Guriezo y piquillos; las albóndigas de vaca de Cantabria con *foie* y crema de patata trufada, o la cebolla rellena con lechazo de Mayorga. Y si alguien se quedara con hambre, nada mejor que una barrita de chocolate blanco y negro con salsa de tofe y *crumble* o una rica tarta de avellana caliente con crema de café.

Alfoz de Lloredo

El clima de este municipio es muy peculiar, tanto que podríamos hablar de un microclima. Gracias a él se han implantado aquí una serie de cultivos de tipo mediterráneo, entre los que destacan los famosos limones de Novales. En la zona existen unos 11.000 limoneros cuyos frutos tienen una calidad que los han convertido en uno de los productos más conocidos y apreciados de la región. Además de los limonares, se pueden encontrar prácticamente en todo el municipio, aunque en menor proporción, naranjales, favorecidos por la calidad del suelo y su resguardada situación geográfica.

En el municipio de Alfoz de Lloredo cuentan también con otros dos productos gastronómicos autóctonos: el queso y la miel elaborados en el monasterio de la Trapa y en la abadía de Santa María de Viaceli.

Cóbreces

En Cóbreces, el pueblo en el que se encuentra la abadía, a principios del mes de julio celebran una Feria del Queso con la finalidad de promocionar este manjar de su tierra, además de conservar las raíces tradicionales trabajando en distintos sectores como son la artesanía, la recuperación de oficios tradicionales, la gastronomía y la música.

Del patrimonio artístico de Alfoz cabe destacar: la iglesia de Cigüenza, una de las más importantes del barroco cántabro; el retablo de la iglesia de Novales y el monasterio cisterciense de Viaceli, antes mencionado, y la iglesia parroquial, conjunto neogótico de Cóbreces construido a principios del siglo XX.

Para comer, un buen sitio es el mesón Las Sopeñas (barrio Caborredondo, 32), un lugar discreto en el que disfrutar de un buen cocido montañés y unos ricos postres caseros.

El famoso queso de Cóbreces

Un lugar de postal: Cóbreces

Santillana del Mar

Uno de los pueblos más conocidos de Cantabria es Santillana del Mar, entre otras cosas porque en su territorio están las cuevas de Altamira, declaradas Patrimonio de la Humanidad por la Unesco, en las que se encuentran pinturas paleolíticas de gran prestigio internacional. A pesar de que en la actualidad la cavidad original está cerrada al público con el fin de que no se deteriore, el viajero puede disfrutar en el Museo de la Prehistoria de una réplica exacta de la cueva, realizada utilizando las últimas tecnologías.

Arquitectura típica de Santillana del Mar

Santillana bien merece una visita, además, por el alto valor de la conservación de su patrimonio arquitectónico y urbanístico de carácter medieval. En su casco antiguo destacan el conjunto de casonas y torres que simbolizan el poder nobiliario de la época. El desarrollo de la villa, declarada Conjunto Histórico Artístico en 1943, se produjo a partir del edificio que centralizaba el poder religioso, la colegiata de Santa Juliana, que data del siglo XII y que es, sin lugar a dudas, una de las joyas del románico español.

Santillana del Mar tiene también un gran zoológico con predominio de la fauna ibérica y un jardín botánico que cuenta con un insectario colonizado en su totalidad por mariposas de muy distintas características y procedencias. Se encuentran aquí también algunos museos destacables, como el de la Inquisición, el Diocesano Regina Coeli y el de Jesús Otero.

Santillana del Mar es un lugar mágico.

Gastronómicamente hablando, en Santillana destaca su tableta, un delicioso bizcocho casero hecho a base de huevos, harina, azúcar y una corteza de limón, que se acompaña normalmente con un vaso de rica leche de la ganadería vacuna de la zona. La receta de la tableta se conserva, por ejemplo, en el monasterio Regina Coeli, aunque el bizcocho se puede comprar en muchas tiendas. Además, en Santillana se pueden degustar otros productos típicos de la zona también elaborados con leche, como los quesos, las quesadas y los sobaos.

El disfrute de una buena comida cántabra está garantizado en el restaurante Altamira (Cantón, 1), con veinticinco años de tradición a sus espaldas. De su carta recomendamos las patatitas nuevas con bacalao y pimentón, las anchoas al gusto, los lomos de merluza escalfados y el rodaballo a la vinagreta de tomate fresco. Entre sus carnes, la más afamada es el lechón tostadito con puré de castañas. Y para el postre podemos optar por la cestita volcada de frutas.

Bocartes al a

Bocartes al ajo

PARA 4 PERSONAS
DIFICULTAD: MEDIA
TIEMPO: 1 HORA

Ingredientes:

24 bocartes (boquerones)
3 dientes de ajo
aceite de oliva para freír
100 ml de vino blanco
1 cucharada de vinagre
1 ramita de perejil
sal

Preparación:

- Pelar los dientes de ajo, cortarlos en láminas y reservar.
- Picar el perejil muy finito y reservar.
- Lavar y limpiar los bocartes abriéndolos y sacándoles la espina. Dejar los lomos unidos por la mitad, sin llegar a separarlos. Una vez que estén limpios, salarlos y reservarlos en una fuente.
- Poner una sartén grande al fuego con el aceite de oliva y dorar los ajos laminados. Retirar los ajos y reservar.
- Freír en el mismo aceite los bocartes. Disponerlos después en una cazuela procurando que la piel quede hacia abajo.
- Añadir a la cazuela el vino blanco y el vinagre junto con el aceite donde se han frito los bocartes y el ajo reservado. Dejar cocer unos 10 minutos. Espolvorear por encima el perejil y retirar del fuego.
- Dejar reposar un rato antes de servir.

Sorropotún o marmita de bonito

Para 4 personas
Dificultad: media
Tiempo: 1 hora

Ingredientes:

1 kg de bonito
500 g de cebollas rojas
3 pimientos verdes
50 ml de aceite de oliva
1 kg de patatas
3 cucharadas de salsa de tomate
2 rebanadas de pan del día anterior
sal

Preparación:

- Limpiar bien el bonito, eliminando cuidadosamente la piel y las espinas.
- Cortar el pescado ya limpio en dados medianos y reservar.
- Verter el aceite en una cazuela de barro y ponerlo a calentar a fuego medio.
- Pelar las cebollas, picarlas en dados muy finitos y rehogarlas en la cazuela con el aceite bien caliente.
- Cuando la cebolla esté dorada, verter unos 2 litros de agua en la cazuela y dejar que hierva 5 minutos.
- Pelar las patatas, cortarlas en tacos cuadrados y echarlas en la cazuela, añadir los pimientos troceados muy menudos y la salsa de tomate.
- Dejar cocer el guiso hasta que la patata esté muy tierna. Añadir el bonito 3 minutos antes de terminar la cocción de la patata.
- Rectificar de sal y añadir unas rebanadas de pan duro.
- Servir muy caliente.

Bocartes rebozados

PARA 4 PERSONAS
DIFICULTAD: BAJA
TIEMPO: 30 MINUTOS

Ingredientes:

600 g de bocartes (boquerones)
1 huevo batido
harina para rebozar
aceite de oliva para freír
sal

Preparación:

- Limpiar los bocartes, eliminando la cabeza y la espina central. Una vez limpios, salarlos al gusto.
- Batir el huevo en un plato.
- Pasar los bocartes ya limpios primero por harina y después por huevo.
- Verter abundante aceite en una sartén y ponerlo a fuego fuerte.
- Una vez que el aceite esté caliente, freír el pescado rebozado hasta que esté doradito. Retirar los bocartes de la sartén y dejarlos escurrir sobre papel de cocina para eliminar el exceso de aceite.
- Servirlos calientes.

Huevos a la montañesa

PARA 4 PERSONAS
DIFICULTAD: MEDIA
TIEMPO: 40 MINUTOS (MÁS EL TIEMPO DE REFRIGERACIÓN)

Ingredientes:

7 huevos
50 g de pan rallado
150 ml de aceite de oliva
100 g de salsa de tomate
sal

Para la besamel:
75 g de harina
30 g de mantequilla
250 ml de leche
nuez moscada
pimienta
sal

Preparación:

- Poner a cocer seis huevos en un cazo con abundante agua con sal durante 15 minutos.
- Una vez cocidos, pasarlos por agua fría, pelarlos, cortarlos por la mitad y disponerlos en una fuente.
- Para preparar la besamel, tamizar la harina.
- Poner a calentar la leche en un cazo y en otro derretir la mantequilla a fuego muy suave para que no se queme. Cuando esté fundida, incorporar la harina y dejar que se cueza hasta que coja color.
- Remover con una espátula de madera o unas varillas, hasta que la mezcla se desprenda de las paredes.
- Cuando la leche esté hirviendo, verterla sobre la mezcla y apartar del fuego. Remover constantemente durante unos 5 minutos, hasta que la besamel esté cremosa y no tenga grumos.
- Agregar una pizca de sal y un poco de nuez moscada y de pimienta.
- Cubrir los huevos con salsa besamel y guardarlos en la nevera hasta que la salsa cuaje.
- Batir el huevo restante con un poco de sal. Pasar las mitades de huevo con besamel primero por el huevo batido y luego por el pan rallado.
- Freír cada una de las piezas y servirlas acompañadas de la salsa de tomate caliente.

ocartes rebozados

Rape a la cazuela

PARA 4 PERSONAS

DIFICULTAD: BAJA

TIEMPO: 50 MINUTOS

Ingredientes:

1 kg de rape
150 g de harina
3 huevos
2 tomates
1 cebolla
1 diente de ajo
50 ml de vino blanco
300 ml de aceite de oliva
sal

Preparación:

- Limpiar el rape y cortarlo en rodajas.
- Pelar y picar la cebolla, el ajo y los tomates.
- Batir dos huevos con una pizca de sal y reservar.
- Cocer el otro huevo en un cazo con agua durante 12 minutos, pasarlo bajo el agua del grifo, pelarlo y cortarlo en rodajitas.
- Enharinar las rodajas de pescado y pasarlas por el huevo batido.
- Calentar 200 ml de aceite en una sartén y freír el rape hasta que esté doradito. Escurrir bien el aceite y reservar.
- Calentar el resto del aceite en otra sartén y sofreír la cebolla y el ajo. Agregar una cucharada de harina, remover y añadir el tomate.
- Cuando esté el sofrito listo, incorporarle el vino blanco.
- Seguidamente, pasar la salsa por el chino y verterla en una cazuela de barro.
- Disponer encima las rodajas de pescado reservadas.
- Introducir la cazuela durante 10 minutos en el horno precalentado a 180 °C. Comprobar el punto de sal, decorar con las rodajitas de huevo duro y servir caliente.

En la Costa Oriental el viajero topará con lugares emblemáticos, como Castro Urdiales, una verdadera joya en el litoral cántabro.

La Costa Oriental

La Costa Oriental es una de las comarcas más turísticas de Cantabria. Abundan las estructuras urbanas, los paseos y los hoteles en sus distintas poblaciones, pues están enfocadas directamente a la recepción de visitantes. Las playas más grandes son la castreña de Brazomar y la de La Salvé, en Laredo.

Colindres

Colindres posee magníficos ejemplos de arquitectura civil de los siglos XVI al XVIII en los barrios del llamado Colindres de Arriba.

Atendiendo a la arquitectura civil, en el municipio se encuentra el puente de hierro de Treto, una de las obras más representativas de la ingeniería industrial de Cantabria. Fue inaugurado en 1905 para sustituir al transbordador conocido como «la barca de Treto», que servía para unir los municipios de Colindres y Bárcena de Cicero.

Entre las construcciones religiosas destaca la iglesia de San Juan Bautista, una edificación del siglo XVI levantada sobre el antiguo monasterio de San Juan y San Jorge.

Son también edificios significativos las residencias señoriales construidas en la Edad Moderna en la parte más antigua de Colindres.

Colindres cuenta con puerto pesquero, que es zona de bares y tabernas donde se sirve buen marisco y pescado, de ahí que entre sus platos estrella se encuentre la ventresca de bonito. Pero tampoco se deben pasar por alto los respigos, la parte más tierna de la hoja del nabo (el equivalente de los grelos gallegos). El viajero puede disfrutar de toda esta calidad, en especial de los pescados y mariscos, en el bar El Puerto (La Mar, 29), ideal para degustar, entre otros platos, unas ricas rabas cántabras. Los días 23 y 24 de junio se celebra en Colindres la festividad de San Juan Bautista, y aprovechando la fiesta se organizan una procesión y actuaciones folclóricas que finalizan con una chocolatada.

La economía de Colindres gira en torno a la pesca.

Laredo

Laredo es una de las zonas más bonitas, y por ello turísticas, de Cantabria. El pueblo de Laredo se divide en tres zonas diferenciadas: la Puebla Vieja y el Arrabal, la zona del Ensanche y la prolongación de este hasta el Puntal. El casco antiguo de Laredo, donde aún se conservan restos de sus viejas murallas, es conocido como la Puebla Vieja o «la calle de los vinos», y es el lugar en el que se reúne la gente joven cuando sale a divertirse. Esta zona de origen medieval fue declarada Conjunto Histórico Artístico en 1970.

La pequeña playa de Sonabia con su fina arena es un remanso de paz.

El Ensanche es la parte en la que se encuentra la zona comercial, administrativa y de servicios.

En Laredo el viajero no debe dejar de visitar también la iglesia de San Juan, el palacio del Infantado y las casas solariegas de diversas familias: Cachupines o Villota, Agüero, Gil de la Redonda y el Mazo, la casa de Valle, Bolívar o Serna, edificios todos ellos que atestiguan el pasado noble de la villa.

Sabor a mar en la Costa Occidental

El último viernes de agosto tiene lugar en Laredo una celebración muy popular, la Batalla de Flores, declarada Fiesta de Interés Turístico Nacional.

Otra fiesta muy celebrada en esta localidad es el San Roque, el 16 de agosto. En el puerto se dan cita numerosas personas para preparar la tradicional marmita de bonito, una especialidad marinera del norte que consiste en bonito con patatas. Los visitantes pueden degustar gratuitamente este plato solicitándolo a alguna de las cuadrillas que ese día se ponen a cocinar. Por la tarde hay diversos juegos, como las típicas cucañas, y hacia la noche, la tradicional romería marinera, con el asado y distribución gratuita de sardinas.

Si aun así alguien se queda con hambre, tal vez lo solucione visitando El Pescador (La Victoria, 2) y probando, por ejemplo, sus chipirones encebollados o su cabracho.

Liendo

La población de Liendo está situada en un hermoso y verde valle dividido en numerosos barrios. Su costa es muy escarpada, con acantilados, por ello en esta zona solo se encuentran dos pequeñísimas playas, la de San Julián, de apenas 180 m de longitud, y la de Sonabia, que tiene acceso desde Castro Urdiales.

Por todo el valle se pueden visitar numerosas casonas barrocas, aunque la más llamativa es el llamado «palacio de la Iseca Vieja», ubicado en el barrio homónimo.

Las huertas del valle de Liendo son conocidas por la calidad de lo que en ellas se cultiva. No en vano uno de los productos más apreciados en este municipio son las alubias blancas, que, acompañadas de productos obtenidos de la matanza del cerdo, constituyen una muy buena carta de presentación de lo que es la comida tradicional cántabra.

Si estando en Liendo el viajero necesita alojamiento y mesa, un lugar indicado es Valle de Liendo (barrio Iseca Vieja, 58, en la N-634) donde, eligiendo menú del día o carta, siempre se acierta.

Vista general de Laredo

El puerto de Castro Urdiales con la iglesia y el castillo medieval

En Castro Urdiales es imprescindible el paseo por el rompeolas.

Castro Urdiales

Castro Urdiales es una villa moderna que combina sabiamente un estilo más urbanita con el encanto de su casco viejo. En este pueblo se encuentra la mejor iglesia gótica de Cantabria, la de Santa María de la Asunción, además de un vetusto castillo medieval. En él tiene su inicio el rompeolas que protege el puerto de Castro y que es recomendable recorrer hasta su extremo.

En Castro Urdiales se halla uno de los vestigios romanos que se pueden visitar en Cantabria. Los romanos encontraron un lugar propicio para establecer aquí Portus Samanum y dar salida al hierro que extraían de las minas cántabras. Junto a este puerto se fundó en el año 74 d. C. la colonia para veteranos de Flavióbriga. Se han encontrado sus restos en el subsuelo de Castro Urdiales; destaca entre ellos la figura del Neptuno cántabro, un bronce romano que representa a este dios del mar.

Gastronómicamente hablando, Laredo, al igual que Colindres, es conocido por el artesanal trabajo de la salazón y la conserva de la anchoa y el bonito, productos ambos de gran prestigio. Además, Castro Urdiales es famoso por el besugo y los caracoles de tierra; el primero cocinado «a la preve» y los segundos con salsa, son el plato típico de la festividad de San Andrés, celebrada el 30 de noviembre.

Los amigos del buen marisco pueden disfrutar en Castro Urdiales de unas buenas cigalas o unos ricos langostinos en el Mesón Marinero (La Correría, 23), donde los apasionados de la langosta no deben perderse la marmita preparada con este crustáceo.

Vista nocturna del castillo y la iglesia

Caracoles de Navidad

PARA 4 PERSONAS
DIFICULTAD: MEDIA
TIEMPO: 1 HORA Y 45 MINUTOS

Ingredientes:

2 kg de caracoles ya purgados
200 g de nueces peladas
200 g de jamón serrano
75 g de chorizo
1 cucharada de harina
2 cebollas
2 dientes de ajo
2 cayenas grandes
4 ñoras
750 ml de agua
1 cucharadita de nuez moscada
1 hoja de laurel
aceite de oliva

Preparación:

- Lavar los caracoles a conciencia hasta que no quede ninguna impureza y cocerlos en una cazuela con abundante agua a fuego lento durante 30 minutos.
- A continuación, cambiar el agua y cocerlos a fuego fuerte durante otros 30 minutos; escurrir y reservar.
- Mientras se cuecen los caracoles, dejar las ñoras en remojo 30 minutos en agua bien caliente.
- Majar la nueces en un mortero y reservar.
- Echar en una cazuela grande un chorro de aceite. Pelar las cebollas, cortarlas en juliana y rehogarlas en el aceite caliente junto con los ajos pelados y laminados.
- Escurrir las ñoras y reservar el agua de remojo. Quitarles el rabillo y las semillas, y añadirlas a la cebolla cuando esté dorada. Agregar también las cayenas.
- Remover todo y añadir la harina. Mezclar bien y remover para evitar que se queme. Incorporar a la mezcla el agua de remojar las ñoras y dejar cocer todo a fuego medio unos 20 minutos.
- Pasar la salsa obtenida por el chino y ponerla en una cazuela más grande.
- Añadir a esta salsa la nuez moscada, el laurel, las nueces picadas, y el jamón y el chorizo previamente cortados en daditos.
- Dejar cocer 5 minutos antes de incorporar los caracoles.
- Bajar el fuego y cocinar 10 minutos más, removiendo de vez en cuando con una cuchara de madera.
- Retirar del fuego y servir templado.

Besugo al horno

PARA 4 PERSONAS
DIFICULTAD: BAJA
TIEMPO: 35 MINUTOS

Ingredientes:

1 besugo grande
2 dientes de ajo
el zumo de 1 limón
1 cucharada de pan rallado
1 guindilla
1 ramita de perejil
aceite de oliva
vinagre
sal

Preparación:

- Limpiar el besugo y lavarlo. Abrirlo por la espalda sin separar las dos mitades y salarlo.
- Colocar el besugo abierto sobre la bandeja del horno.
- Rociarlo con un chorro de aceite y con el zumo de limón; espolvorearlo con el pan rallado.
- Asar el besugo en el horno a 150 °C durante unos 25 minutos.
- Mientras tanto, pelar los ajos y cortarlos en láminas.
- Echar un poco de aceite en una sartén y saltear los ajos junto con la guindilla. Retirar del fuego y añadir un chorro de vinagre y el perejil picado.
- Una vez asado el pescado, disponerlo en una fuente de servir, rociarlo con la mezcla anterior y servirlo al instante.

Liébana es una de las comarcas más completas de Cantabria, con un precioso entorno natural y unos productos gastronómicos de calidad.

La comarca de Liébana

La de Liébana es una de las comarcas más interesantes de Cantabria, especialmente para los aficionados a la montaña, pues en su entorno natural se conforman las serranías de los Picos de Europa, todo ello circundado por numerosos núcleos rurales.

Las características climatológicas de la zona favorecen la riqueza gastronómica, pues permiten cultivar con éxito verduras, frutas y legumbres.

Las setas son también uno de los productos estrella de la zona, por la orografía del terreno y la adecuación de las temperaturas en las estaciones en que aparecen, sin olvidar los caracoles, también un producto muy apreciado.

Asimismo, son famosos los quesos de esta comarca. Hay una importante industria artesana de producción de quesos de gran calidad con denominación de origen, como el queso picón Bejes-Tresviso o los quesucos de Liébana.

Al ser esta zona de pastos, la ganadería es también un reclamo para la buena mesa. En Liébana tienen fama sus jamones curados al frío y sus embutidos. Estas carnes se encargan de llenar de sabor los conocidos cocidos lebaniegos. Los postres caseros son exquisitos también, muchas veces regados con la rica miel de la zona o con su tradicional orujo.

Santo Toribio de Liébana es un tradicional lugar de peregrinación.

Cabezón de Liébana

Se puede comenzar a recorrer esta comarca por el municipio de Cabezón de Liébana, ya que su riqueza es indiscutible en todos los ámbitos: paisajístico, artístico, gastronómico... Su microclima favorece la diversidad de flora y fauna. Las personas interesadas en la caza deben saber que la Reserva Nacional de Caza del Saja cuenta con varios lotes encuadrados dentro del territorio del municipio de Cabezón.

Gastronómicamente hablando, el postre más apreciado en la zona son los frisuelos. En su honor, el sábado anterior al

Desde la ermita de San Miguel, junto al monasterio de Santo Toribio, se puede disfrutar de maravillosas vistas.

Los amantes de la montaña encontrarán en Liébana verdaderos paraísos naturales para practicar deportes alpinos.

miércoles de Ceniza se denominaba «frisuelero», pues en esa mañana se desayunaban los típicos frisuelos lebaniegos. Era una forma de anticiparse al carnaval. Tienen la consistencia de una tortilla hecha con una masa ligera de leche y harina, revuelta y frita en aceite.

Esculturas en la parte exterior de la iglesia de Santa María de Piasca.

Desde el punto de vista turístico, el viajero no debe pasar por alto que en Cabezón de Liébana se encuentra una de las obras cumbre del románico en Cantabria: la iglesia de Santa María de Piasca, Monumento Nacional desde 1930. El viejo monasterio, que fue fundado en el siglo IX, dominó la historia del valle a lo largo de la Edad Media. En cuanto a la iglesia, lo único que permanece en pie, fue construida en gran parte en 1172, y fue completada en época gótica, concretamente en 1439, según reza una inscripción. Las esculturas que adornan el templo de este antiguo monasterio son joyas románicas de la arquitectura cántabra. Se concentran en la puerta principal del oeste, la pequeña del sur (que servía de paso al claustro), los ábsides,

En Liébana se puede degustar el típico «té del puerto».

tanto exterior como interior, y los canecillos que sujetan las cornisas.

En la posada Casa Lamadrid (La iglesia, 2, en Cahecho), situada en pleno corazón del valle de Liébana, el viajero podrá disfrutar mientras come de unas vistas privilegiadas de los Picos de Europa. Entre sus especialidades se encuentran platos típicos como el cocido lebaniego, las alubias con chorizo, las truchas, las manos de cerdo o el lechazo de temporada. Por cierto, para viajeros celíacos tienen una carta especial.

Camaleño

Camaleño forma parte del Parque Nacional Picos de Europa, territorio protegido por sus grandes valores naturales. Estas tierras son el hogar de algunos ejemplares de osos pardos, urogallos y águilas reales. Lo riegan las aguas del río Deva, que nace en Fuente Dé. Podemos decir que Camaleño es un municipio predominantemente montañoso, con altitudes superiores a los 2.000 m.

En esta zona se puede degustar el conocido té del puerto, una planta silvestre de las tierras altas de Liébana que principalmente se encuentra en los puertos de Áliva. Goza de gran prestigio gracias a su agradable aroma y suave gusto. Combinada con el orujo de Potes, sirve para hacer más ligeras las digestiones. Pero este té no es la única planta de infusión que se puede recolectar en los prados de la zona; también está la manzanilla, que abunda en muchos mercados locales. Según la tradición oral, uno de los personajes cántabros más famosos, el Beato de Liébana, un monje que vivió a mediados del siglo VIII, nació en este municipio de Camaleño, concretamente en el pueblo de Aniezo, y la mayor parte de su vida transcurrió en el monasterio de Santo Toribio. Su obra más conocida es el *Comentario al Apocalipsis de San Juan*, que tuvo gran difusión durante la Alta Edad Media. Su fama de pensador militante y enérgico, que combatía a los que se comprometían con el invasor —comenzando por el arzobispo de Toledo, a quien acusaba de herejía—, le hizo ser un personaje notable durante su época.

No puede faltar el cocido montañés.

El senderismo es el deporte por excelencia en los Picos de Europa.

Santo Toribio continúa siendo un lugar de culto para los habitantes de la zona y es un centro de peregrinación de fieles de todo el mundo, especialmente durante los años jubilares. Entre las tradiciones religiosas ligadas a este monasterio destaca la conocida como «la vez». Se trata de una costumbre

El teleférico de Fuente Dé lleva a los viajeros al mirador del Cable.

El monasterio de Santo Toribio de Liébana

Mogrovejo con su curiosa torre medieval

antiquísima fruto de la devoción popular. Dos personas de cada pueblo van al monasterio a orar y a adorar la cruz un determinado día de la semana, según el turno que se haya establecido entre las distintas localidades del valle. Antiguamente llegaban en ayunas, salían a medianoche de sus respectivos pueblos y caminaban durante la noche —a veces descalzos— para llegar de madrugada a la iglesia. Esta tradición todavía se conserva y todos los viernes existe un turno reglamentado por los propios pueblos y el monasterio de Santo Toribio.

En Camaleño se localiza un interesante ejemplo de arquitectura medieval defensiva: la torre de Mogrovejo. Documentada desde 1284, es una de las más antiguas de Cantabria. Es una típica fortaleza de señorío, construida para ejercer el control jurisdiccional en la zona. La armonía con que este baluarte y las viviendas que lo rodean se integran en el paisaje hicieron que en 1985 fuera declarado Conjunto Histórico y Bien de Interés Cultural.

El monasterio de Santo Toribio de Liébana alberga el Lignum Crucis, una de las más importantes reliquias del cristianismo.

Las montañas cántabras son un lugar ideal para ir en busca de hierbas aromáticas.

Si el viajero está por el pueblo de Camaleño, es buena idea que se quede a comer en El Urogallo (barrio Areños Cosgaya), donde entre sus especialidades están las carnes de venado y jabalí, el cocido montañés, el *risotto* de almejas con torta del Casar o el arroz con bogavante o pato. Un restaurante ideal para los amantes de la naturaleza y de la caza. Si quiere el visitante acercarse durante las fiestas, cada 2 de julio se celebra en Áliva de Camaleño la fiesta de la Virgen de la Salud: tras una comida campestre se lleva a cabo una carrera de caballos y la famosa «carrera de la rosca». Se trata de una carrera pedestre en la que los ganadores reciben un riquísimo ramo de rosquillas.

Cillorigo

Paseando por Cillorigo de Liébana el viajero se da cuenta de que en su arquitectura religiosa destaca sin duda la iglesia de Santa María de Lebeña, considerada una de las joyas del arte mozárabe en España.

En Cillorigo vivió desde los nueve años Concepción Arenal; allí se trasladó, tras la muerte de su padre, con su madre y sus dos hermanas, concretamente a Armaño, lo que le permitiría entrar en contacto con el paisaje de Liébana y los Picos de Europa, así como con el mundo de la literatura, gracias a los libros antiguos conservados en viejos baúles familiares. Para apreciar los paisajes de la zona, el viajero que tenga la suerte de coincidir con la fecha puede aprovechar que el primer domingo de agosto se organiza la subida a San Carlos, una romería que fue declarada de Interés Turístico Regional en 1994. La fiesta se comenzó a celebrar en el año 1900, aunque entonces se realizaba cada diez años, y no cada cinco, como actualmente. Goza de indudable tradición y ese día acuden hasta el pico romeros no solo españoles, sino también extranjeros.

La comarca de Liébana ofrece excelentes productos de la huerta.

Mogrovejo fue declarado Bien de interés cultural.

Si hablamos de los productos típicos de la zona, se puede ver que en las huertas del municipio de Cillorigo de Liébana se cultivan todo tipo de hortalizas y legumbres. Pero sin duda son las más conocidas las cebollas de Bedoya, que se han ganado una merecida fama y que pueblan los guisos de las ollas cántabras.

Un buen lugar para disfrutar de las vistas y de la comida es Casa Fofi, en El Corcal de Liébana (Carretera General, s/n – Tama), un lugar fundado en 1865. De reconocido prestigio en la zona, su restaurante destaca principalmente por elaborar comida tradicional lebaniega, como el cocido, las alubias rojas y blancas, el lechazo y la carne de ternera de la tierra.

Las cebollas de Bedoya tienen mucha fama.

Pesaguero

En Pesaguero el viajero tendrá la oportunidad de probar las toribiucas, unas rosquillas artesanas elaboradas con harina de trigo, manteca, azúcar, huevos, orujo de Liébana y esencia de vainilla; se preparan a partir de la receta de la abuela Julia (Julia Doce), de Lomeña.

Al igual que en el resto de la comarca, la gastronomía de Pesaguero tiene como base el uso de productos sanos y naturales, entre los que se encuentran las legumbres de sus huertas, los productos lácteos —principalmente el queso— y el famoso orujo que llevan las toribiucas.

Pastel de queso

Pesaguero cuenta con varias manifestaciones arquitectónicas de gran valor histórico. En lo religioso destacan las iglesias góticas de Caloca y Avellanedo, mientras que en el ámbito civil sobresalen varias casonas del siglo XVIII, como las de Vendejo y Valdeprado.

En Pesaguero existieron varios molinos harineros y precisamente uno de ellos ha sido rehabilitado recientemente por la familia Doce, conservando todas las piezas originales, incluso las maderas, lo que ha hecho que se convierta en un ejemplar único en la comarca. Este antiguo molino, que data del siglo XV, encierra en una de sus alas el Museo Etnográfico de La Fría, con una exposición relacionada con los molinos, desde los más antiguos hasta la fecha actual.

Si el viajero quiere disfrutar de la estancia y además comer bien, puede hacerlo en la posada El Hoyal (barrio La Gloria, s/n): comidas caseras y un rico flan de queso harán las delicias de cualquiera.

Potes

La cabecera comarcal de Liébana es Potes. Es el núcleo poblacional más importante y la belleza de sus calles ha hecho que su casco antiguo fuera declarado Conjunto Histórico Artístico. En los alrededores se puede disfrutar de sus antiguos puentes, casonas y, sobre todo, de la torre del Infantado, su monumento más característico. Es sin duda una de las localidades más visitada por los turistas. Resulta indispensable darse una vuelta por el barrio Viejo, en el corazón del casco

Potes cuenta con rincones donde el tiempo parece haberse detenido.

antiguo de la villa. Este barrio está unido por dos puentes, el de San Cayetano y el de la Cárcel.

Muchas de las calles de Potes tienen todavía un típico ambiente de otras épocas, con casas populares, como las del barrio de la Solana. A pesar de la belleza de este entorno, la Guerra Civil destrozó gran parte de la villa, que fue prácticamente rehecha. Aun así, el casco viejo conserva un interesante aspecto medieval y es uno de los conjuntos históricos monumentales más llamativos de Cantabria.

Potes mantiene de antiguo un mercadillo al que acuden los lebaniegos cada lunes a comprar y vender los productos típicos. La existencia a este mercado aparece documentada ya en el año 1291, cuando el rey Sancho IV ordenaba que las personas que asistieran a él tenían obligación de guardar sus armas en la posada hasta el regreso a sus hogares. En este mercado el viajero tiene la posibilidad de hacerse con los productos autóctonos de la comarca: quesos, manzanas, peras, cerezas, cebollas, nueces, castañas, garbanzos, patatas, así como el vino tostadillo y el aguardiente de la zona. No hay que olvidar que, deambulando por los parajes de Potes, se puede ver cómo al abrigo de un microclima de tintes mediterráneos surge en las laderas bajas un paisaje de huertas y frutales, con un lugar destacado para la viña.

Alquitaras de la destilería de orujo Orulisa

El 26 de octubre Potes celebra su popular Fiesta del Orujo, declarada de Interés Turístico Regional. El orujo, complemento ideal para otras bebidas como puede ser el té del puerto, se fabrica en alquitaras con la cosecha de las numerosas vides de la zona. Además de orujo, en esta celebración es posible degustar borono y respinaldas, las manzanas de la tierra para acompañar el orujo blanco.

Pero en las sobremesas cántabras no solo se bebe orujo; también es famoso en la comarca el ya mencionado vino tostadillo, un vino dulce, oloroso y suave al paladar, con larga crianza en barricas de roble americano, ideal para acompañar una de las tablas de quesos lebaniegos con membrillo que sirven en Casa Cayo (Cántabra, 6).

Tresviso

En la comarca de Liébana se encuentra también Tresviso. La actividad económica principal de este municipio es la ganadería de montaña, tanto de vacuno como de ovino y caprino, que sirve de base para la fabricación del riquísimo queso picón de Bejes-Tresviso, uno de los productos más conocidos y con denominación de origen desde 1994. Con él se preparan las ricas salsas que acompañan a las carnes que podemos degustar por estas tierras. Nada como un excelente solomillo con una salsa elaborada con queso picón, mantequilla y crema de leche, para que nuestros caminares por tierras cántabras sean más felices.

La vinculación de Tresviso con la fabricación de quesos ya aparece documentada a comienzos del siglo XIV en un inventario del monasterio de Santo Toribio. Parece probable que en la Edad Moderna se produjera una especialización comercial, lo que le conferiría una cierta popularidad al lugar dándole el tratamiento de Villa de Torivio en el catastro de Ensenada de 1753.

Con sus menos de cien habitantes, Tresviso celebra a finales de junio, por San Pedro, la tradicional Fiesta del Ramo. En ella los tresvisanos, vestidos con el traje típico, celebran una procesión, bailes y juegos tradicionales. Durante la misa son bendecidos los roscos que adornan el ramo, para luego ser subastados uno a uno en la plaza entre los asistentes. A continuación se produce la llamada «pina de overa», que consiste en levantar un tronco por el que luego los mozos del pueblo intentarán trepar.

Cocido montañés

Lo más atractivo de este municipio es su localización; el hecho de estar en un medio natural apenas alterado por el hombre hace que su visita sea de las preferidas por los montañeros que viajan a los Picos de Europa. Para descansar de las largas caminatas el viajero puede pararse a comer en La Taberna, donde le servirán un cocido montañés o unas alubias con venado y, de postre, una quesada.

También merecen visitar...

Vega de Liébana es un excelente lugar para disfrutar de uno de los famosos platos de la comarca, el cocido. Este cocido se diferencia del montañés en que se elabora con garbanzos. Carne, chorizo, cecina, tocino, repollo, patatas y otros condimentos conforman el resto de los ingredientes. Primero se

Las vistas desde el puerto de San Glorio sobrecogen al viajero.

sirve una sopa de fideos y se continúa con los garbanzos, el relleno y el compango. Un excelente compañero en la montaña, especialmente durante el frío invierno cántabro.

En la aldea de Ledantes, de hermosa arquitectura popular, se encuentra la conocida pisa de Ledantes. Se trata posiblemente de la última pisa o batán que queda en Cantabria, lo que la convierte en un elemento etnográfico de verdadera importancia. Su función era la de golpear, desengrasar y enfurtir las telas que tan toscamente se tejían en los telares, de forma que se obtenía un paño tupido y resistente. Este sistema se utilizaba desde la Edad Media para alisar y tupir faldas, vestidos, chaquetas, mantas...

Para los que desean disfrutar de un entorno rural, la comarca de Liébana ofrece todo.

Si el viajero disfruta caminando por zonas de montaña, se puede acercar al collado de Lesba, en el puerto de San Glorio, donde además de contemplar una hermosa panorámica a más de 1.500 m de altura, podrá descubrir un espectacular monumento al oso.

En Vega se celebra durante el mes de septiembre la Feria de la Miel, donde se exalta este rico producto de la zona y se exponen los diferentes tipos que se pueden producir, además de contar con expertos que pronuncian conferencias sobre el mundo de la miel; se trata de crear un punto de encuentro entre profesionales, técnicos y público en general.

Por la zona es una buena idea pararse a comer en el mesón La Vega (barrio La Plaza, 1), donde sirven menús del día y platos a la carta; el abundante cocido de la casa es un plato más que recomendado para reponer fuerzas en Vega de Liébana.

Sopa de vigilia

PARA 4 PERSONAS
DIFICULTAD: BAJA
TIEMPO: 1 HORA Y 15 MINUTOS

Ingredientes:

500 g de rape
1 cabeza de rape
200 g de alubias blancas cocidas
1 cebolla
2 puerros
1 zanahoria
½ col
2 tomates maduros
1 hoja de laurel
1 ramita de tomillo
1 ramita de perejil
1,5 l de agua
aceite de oliva
unos granos de pimienta negra
sal

Preparación:

- Poner al fuego una cazuela con el agua y echar media cebolla troceada, la cabeza de pescado limpia, el laurel, el tomillo, el perejil, sal y pimienta en grano.
- A partir de que rompa a hervir, dejar cocer a fuego fuerte 20 minutos, espumando de vez en cuando. Colar el caldo y reservar.
- En una cazuela grande con un poco de aceite, rehogar la zanahoria y los puerros pelados y cortados en rodajas finitas, la col bien lavada y troceada, y el resto de la cebolla laminada.
- Remover y, al cabo de unos minutos, añadir los tomates pelados, sin semillas y picaditos. Rehogar durante unos 5 minutos.
- Añadir el caldo reservado y dejar cocer a fuego lento durante 10 minutos.
- Cuando las verduras estén tiernas, añadir las alubias y el rape cortado en trozos pequeños; dejar cocer 20 minutos más antes de retirar del fuego.
- Servir caliente decorada al gusto.

Solomillo de ternera al queso picón

PARA 4 PERSONAS
DIFICULTAD: MEDIA
TIEMPO: 45 MINUTOS

Ingredientes:

600 g de solomillo de ternera
200 g de queso picón Bejes-Tresviso
1 kg de champiñones
250 ml de nata líquida
100 ml de vino de jerez seco
1 limón
aceite de oliva
pimienta
sal

Preparación:

- Trocear el queso, echarlo en un cuenco y fundirlo al baño maría hasta conseguir una crema.
- Añadir el vino y la nata. Espesar la salsa removiendo constantemente unos 25 minutos, teniendo cuidado de que no se pegue. Cuando esté homogénea y se haya reducido un poco, salar si es necesario y añadir pimienta al gusto. Reservar.
- Lavar los champiñones y frotarlos con el limón para que no se ennegrezcan. Cortarlos en láminas, salarlos al gusto y saltearlos en una sartén con un poco de aceite. Reservar.
- Calentar bien la plancha y hacer los cuatro solomillos por ambos lados; retirarlos cuando estén dorados por fuera y tengan un tono rosado por dentro.
- Disponer los solomillos en platos individuales, repartir la salsa de queso por encima y acompañarlos con los champiñones.

Sopa de vi

Garbanzos al modo de Liébana

PARA 4 PERSONAS

DIFICULTAD: BAJA

TIEMPO: 1 HORA Y 15 MINUTOS (MÁS EL TIEMPO DE REMOJO)

Ingredientes:

500 g de garbanzos finos de Liébana
300 g de tocino
½ cebolla
4 dientes de ajo
1 hoja de laurel
1 cucharada de orégano picado
aceite de oliva
unos granos de pimienta
sal

Preparación:

- Poner en remojo los garbanzos en un recipiente con agua templada durante al menos 12 horas.
- Escurrir los garbanzos, echarlos en una cazuela y cubrirlos con agua abundante. Agregar la cebolla pelada y troceada, dos dientes de ajo, el laurel, un poco de pimienta y sal al gusto.
- Poner a cocer los garbanzos durante 1 hora o hasta que estén tiernos. Escurrir y reservar los garbanzos.
- Poner al fuego una sartén grande con aceite. Cuando esté caliente, echar los otros dos dientes de ajo picados. Añadir el tocino cortado en dados pequeños y cuando esté ligeramente dorado, verter los garbanzos y freír la mezcla durante 2 minutos.
- Espolvorear por encima el orégano, remover y dejar al fuego unos minutos más.
- Servir caliente.

Pollo con arroz al estilo cántabro

PARA 4 PERSONAS

DIFICULTAD: MEDIA

TIEMPO: 1 HORA

Ingredientes:

500 g de pollo
200 g de arroz
100 g de guisantes
100 g de pimientos morrones
el zumo de ½ limón
200 ml de vino tinto
800 ml de agua
aceite de oliva
½ cucharadita de azafrán molido
sal

Preparación:

- Limpiar y trocear el pollo.
- Cocer los guisantes en agua con un poquito de sal; escurrir y reservar.
- Calentar aceite en una cazuela y freír los trozos de pollo hasta que estén bien dorados.
- Verter el vino tinto, tapar la cazuela y dejar reducir unos segundos; a continuación, añadir el agua, un poco de sal, el azafrán y los guisantes. Cocer durante 15 minutos a fuego suave.
- Echar en la cazuela unas cucharaditas de zumo de limón junto con el arroz y cocer 5 minutos a fuego fuerte y otros 15 minutos a fuego suave.
- Mientras tanto, calentar tres cucharadas de aceite en una sartén y freír ligeramente los pimientos morrones.
- A media cocción, añadir los pimientos a la cazuela.
- Cuando todo esté en su punto, retirar la cazuela del fuego, taparla con un paño y dejar reposar 10 minutos antes de servir.

El cocido cántabro

Uno de los platos que es indispensable degustar en tierras de Cantabria es el cocido, algo para lo que el viajero no tendrá ninguna dificultad, pues en muchas zonas de la comunidad es plato fijo en los restaurantes, especialmente en las áreas de montaña. Se cree que este nutritivo plato cántabro data del siglo XVII.

Existen dos variedades fundamentales de cocido en Cantabria: el cocido montañés y el cocido lebaniego. El primero es el plato más representativo de la gastronomía cántabra; también lo es el cocido lebaniego, pero, como indica su nombre, es mucho más típico de la comarca de Liébana. El lebaniego es un guiso de interior cuyos componentes esenciales son los pequeños garbanzos de Potes, las patatas y la berza, aunque en la actualidad la escasez de berzas hace que estas sean sustituidas por repollos. A todo esto se le añade el compango, elaborado con los productos de la matanza del cerdo. Así, en el cocido lebaniego no faltan chorizo, morcilla, tocino y un hueso de jamón. A la carne porcina hay que añadir, además, carne de ternera. De ella se usa la cecina, el hueso de rodilla y el zancarrón. Acompañará a esta mezcla de ingredientes el relleno, una masa hecha con miga de pan, huevo, chorizo y perejil.

LOS INGREDIENTES IMPRESCINDIBLES DEL COCIDO

Garbanzos

Alubias

Tocino

Berza

Patatas

Chorizo

Morcilla

Cecina

Perejil

También el cocido montañés constituye un menú completo y fuerte, con un gran contenido de proteínas. Es especialmente famoso en las zonas de Cabuérniga, en el valle del río Saja, Ucieda y Cabezón de la Sal.

Los ingredientes del cocido montañés son muy parecidos a los del lebaniego; lleva alubias, berza (o repollo, pues, como decíamos, no es siempre fácil encontrar berzas), patatas y los productos de la matanza del cerdo: tocino, chorizo, manitas, oreja, costilla, codillo y una nutrida morcilla de arroz. El cocido es un plato con un gran aporte calórico, lo que explica claramente por qué es típico de zonas de montaña. La ingesta de productos con muchas calorías ayudaba a soportar las bajas temperaturas de los inviernos en las montañas de Cantabria.

A fuego lento...

La manera de degustar los cocidos es variada. Lo potente de sus ingredientes hace que se suelan tomar como plato único, degustándose primero la sopa, después las legumbres, en ocasiones con una ensalada de lechuga, y por último las carnes junto con el relleno, aunque también pueden comerse las legumbres y las carnes conjuntamente. Eso sí, la mayor parte de los comensales coinciden en que la mejor manera para degustarlo es esperar al día siguiente, una vez reposados todos los ingredientes.

La manera de prepararlo varía y cada casa tiene su propia receta. No es un plato difícil de elaborar, pero sí requiere tiempo y paciencia, pues uno de los secretos está en dejar que se cocinen a fuego lento todos y cada uno de los ingredientes que lo componen.

En fechas variables, que suelen estar entre finales de febrero y principios de abril, se celebran en Santander las Jornadas de los Productos Gastronómicos de Cantabria. En este marco se han creado las Jornadas del Cocido Montañés y del Cocido Lebaniego, ocasión en la que alrededor de sesenta restaurantes ofrecen en su menú estos contundentes platos. Aparte de estas jornadas, se puede decir que no hay fiesta regional que no se precie de tener un multitudinario cocido popular; un ejemplo es el que el Ayuntamiento de Santander ofrece a sus vecinos con motivo de las fiestas de su patrona, el 28 de mayo. Con esta comida colectiva rememoran la tradición de compartir este sabroso plato con los romeros que antiguamente acudían para cumplir el voto a la Virgen del Mar.

Cocido montañés

PARA 6 PERSONAS

DIFICULTAD: MEDIA

TIEMPO: 90 MINUTOS (MÁS EL TIEMPO DE REMOJO)

Ingredientes:

150 g de alubias secas
250 g de panceta
2 morcillas
1 chorizo
1 hueso de jamón
250 g de carne de cerdo
1 oreja de cerdo
250 g de costillas adobadas
3 patatas
2 nabos
1 berza
sal

Preparación:

- Poner las alubias en remojo la noche anterior.
- En el momento de prepararlas, cambiar el agua y echarlas en una olla junto con la panceta, el hueso de jamón, la oreja, la carne de cerdo, las costillas y un poco de sal. Dejar cocer todo a fuego lento durante aproximadamente 1 hora, espumando de vez en cuando con ayuda de una espumadera.
- Mientras tanto, limpiar y preparar los nabos y la berza. Pelar las patatas y cortarlas en trozos grandes e irregulares. Cuando las carnes estén hechas, incorporar a la olla las hortalizas.
- Pasados unos 15 minutos, añadir al cocido el chorizo y la morcilla cortados en rodajas. Una vez que esté todo en su punto, retirar la olla del fuego y servir las alubias y las hortalizas por un lado, en potaje, y las carnes por otro en plato aparte.

Cocido lebaniego

PARA 6 PERSONAS

DIFICULTAD: ALTA

TIEMPO: 4 HORAS (MÁS EL TIEMPO DE REMOJO)

Ingredientes:

250 g de garbanzos de Liébana
½ berza
4 patatas
100 g de panceta
500 g de morcillo de ternera
1 hueso de rodilla de ternera
250 g de cecina
1 punta de jamón de 250 g
2 huevos
50 ml de leche
150 g de fideos
harina para rebozar
2 dientes de ajo
1 ramita de perejil
50 ml de aceite de oliva
1 rebanada de pan del día anterior
pimienta
sal

Preparación:

- Poner los garbanzos en remojo la noche anterior.
- Antes de empezar a cocinar, limpiar todas las carnes.
- Echar en una cazuela grande los garbanzos con agua limpia y fría, y añadir todas las carnes. Dejar cocer durante 2 horas a partir del primer hervor.
- Mientras tanto, pelar las patatas y cortarlas en trozos grandes e irregulares. Limpiar y cortar la berza también en trozos grandes.
- Al cabo de las 2 horas de cocción, añadir a la cazuela las patatas y la berza.
- Cuando todo esté tierno, retirar la cazuela del fuego y sacar las verduras y la carne. Reservar el caldo y empezar a preparar lo que se denomina «el relleno». Para ello, desmenuzar el pan y ponerlo en remojo en la leche. Poner en el mortero los ajos, el perejil y algo de las carnes del cocido, como panceta, morcillo, jamón... Picar todo.
- Batir bien los huevos y mezclarlos con el majado anterior.
- Añadir a esta mezcla el pan bien escurrido y formar una masa muy homogénea. Darle forma como de croquetas, rebozarlas en harina y freírlas en aceite para que queden doradas por todas partes.
- Poner entonces al fuego dos cazos con caldo. Cuando rompan a hervir, echar en uno el relleno y en el otro poner a cocer los fideos para la sopa.
- Cuando hayan cocido, se sirve por un lado la sopa, por otro el relleno y por otro la carne y las verduras.

ocido montañés

El angosto desfiladero de la Hermida tiene paredes de hasta 600 m de altura. Con su longitud de 21 km es el desfiladero más largo de Europa.

La comarca de Saja–Nansa

En esta comarca se encuentra el Parque Natural Saja-Besaya, lo que le da un altísimo valor ecológico a la zona, que está ocupada por las cuencas de los ríos Saja y Nansa.

En Saja-Nansa también domina el cocido montañés.

Estamos en la tierra por excelencia del típico cocido montañés, hito de la gastronomía cántabra que se sirve con su sabroso compango. Se puede degustar en tabernas y mesones de distintos lugares, como Bárcena Mayor, Tudanca, Valle, Ruente, Ucieda, Carmona, Cos, etc. Este plato va siempre acompañado de alubias estofadas, además de otros suculentos manjares de la zona, en particular carne de vaca tudanca y, en época propicia, de excelentes piezas de caza. También esta comarca, debido a que está surcada por dos de los ríos más emblemáticos de Cantabria, el Saja y el Nansa, es un lugar ideal para degustar unas buenas truchas y un fresquísimo salmón.

Peñarrubia

Desde el punto de vista gastronómico, en Peñarrubia se prepara una carne bien característica: la de cabra montés, que se captura en batidas de caza practicadas en los accidentados parajes de los cotos del municipio. De este animal son muy apreciados sobre todo el cuello, la pierna y la paletilla. Hay muchas maneras de cocinar la cabra; una de ellas es hacerla guisada con verduras, un plato que se conoce como «ragú». Pero en Peñarrubia no solo se toma carne: el salmón capturado en las aguas del río Deva también es un exquisito manjar que se prepara de muy diferentes formas.

...a comarca es ...ónea para ...obar truchas ...scas.

Conviene hacer una parada en el desfiladero de la Hermida para contemplar el impresionante entorno.

Gloriosos tiempos pasados: el Gran Hotel del balneario de La Hermida.

El lugar que hace más singular al municipio de Peñarrubia es el conocido como «desfiladero de la Hermida», un espectacular corredor abierto entre muros de piedra caliza que llegan a elevarse hasta los 1.000 m de altura y que por momentos tiene una anchura de tan solo 100 m. Esta garganta ha sido catalogada como Zona de Especial Protección de Aves (ZEPA). Y a su paso por ella, el río Deva, conocido por su abundancia en ricas truchas y salmones, se considera Lugar de Importancia Comunitaria.

En la zona de Peñarrubia otro de los atractivos turísticos son las fuentes termales. En La Hermida se localizan una serie de ellas que hasta mediados del siglo XIX permanecieron en manos del valle de Peñarrubia. Por aquel entonces, las aguas fueron subastadas y se construyeron una casa de baños y una hospedería. En 1880 se levantó una nueva galería de baños y, un año más tarde, un hotel con capacidad para más de cien huéspedes. El hotel cerró en 1936 hasta que el nuevo Hotel Balneario de La Hermida fue inaugurado en agosto de 2006. Un buen lugar para comer en esta zona es Paquín (La Hermida, s/n), donde sirven un muy abundante cocido lebaniego cargado de puntas de jamón, tocino, carne, costilla y borono —un producto de matanza similar a la morcilla—, además de una suculenta sopa con fideos.

Un descanso para «tomar las aguas».

Lo escarpado de estas tierras ha dado lugar a diversas leyendas, como la de La osa de Andara, que cuenta que en La Hermida y Bejes (Cillorigo) vivía una mujer semisalvaje a la que llamaban la «osa de Andara». Dicen que era una mujer muy peluda, que vivía en estado medio salvaje y vestía un traje viejo y gastado. Moraba en el Grajal y Macondio en verano, y en las cavernas de Ujo en invierno. Su alimentación se basaba en pequeños animales, frutas del bosque, castañas y semillas. Cuenta el vecindario que un día decidió abandonar esa vida nómada y se casó con un lugareño.

Lamasón

Al igual que Peñarrubia, Lamasón es un territorio eminentemente montañoso. Surcado por dos ríos, cuenta con una flora y una fauna muy variadas. Sus montes sirven de abrigo a especies como el zorro, el lobo, el rebeco o el corzo.

Entre los productos típicos del municipio se encuentran las castañas y las nueces, que se recogen desde finales de septiembre hasta finales de octubre. El periodo navideño es una época ideal para usarlas en las recetas de casa.

El cocido montañés necesita de unos ingredientes específicos.

Al igual que la de otras regiones montañosas de Cantabria, la gastronomía de esta comarca está claramente marcada por dos platos estrella: el cocido montañés y el lebaniego, que se acompañan de carne de animales de pasto y de postres derivados de la leche. No hay que olvidar que esta es zona de ganado; la calidad de sus reses tudancas se pone de manifiesto en las ferias anuales que se celebran en la zona.

La iglesia de Santa Juliana, en Lamasón.

En Lamasón se encuentran importantes ejemplares de arte románico, como es el caso de la iglesia de Santa Juliana, un templo de pequeño tamaño cuya edificación puede fecharse entre finales del siglo XII y principios del XIII. Muy próximas a ella, sobre la tapia de una antigua casa con portalada, se hallan dos esculturas muy primitivas conocidas como «la pareja de Lamasón». Una es una efigie femenina que tiene inscrita una leyenda del año 1625: «Cuántos pasan que no vuelven», al parecer porque se sitúa en el camino del cementerio; la otra escultura representa la cara de un hombre, y ambas fueron declaradas Bien de Interés Cultural en 1984.

Otra de las cosas que caracteriza al municipio de Lamasón son los molinos. Hay un total de veinte repartidos de esta forma: once en Lafuente, cinco en Quintanilla, dos en Sobrelapeña y otros dos en Río. Aunque en la actualidad están

En Saja-Nansa el aficionado a la pesca encontrará varias reservas para practicar este deporte.

en desuso, nos permiten recordar que Lamasón vivió durante mucho tiempo del cultivo del maíz y de su harina.

En uno de estos pueblos, Quintanilla, se celebraba una especial competición de bolos, el Memorial Pedro González Cossío. Por sus peculiares características, esta competición era conocida popularmente como Concurso del Queso Picón, ya que este era la estrella del campeonato: las jugadas de emboque y las más importantes recibían de premio un queso picón y una gran cesta con productos de la tierra.

Herrerías

Tal y como sucede en estas zonas surcadas por ríos, en este caso el Nansa, Herrerías ha sido tradicionalmente un hábitat ideal para el salmón. Aquellos que viajen a Cantabria atraídos por la pesca fluvial pueden practicarla en los cotos de Los Olivos y Béjar. Sin duda, uno de los platos más suculentos que se puede degustar en esta zona es el salmón al horno o, en todo caso, la trucha escabechada, que tampoco

Vista general de Bielva, en el municipio de Herrerías

En Saja-Nansa el viajero encontrará salmón de extraordinaria calidad.

es nada desdeñable. Si hablamos de flora, Herrerías es además rica en bosques de ribera, encinares, pinos y eucaliptos. El edificio más antiguo que se conserva en este municipio es la torre medieval de Cabanzón, aunque es más significativa la presencia de arquitectura civil, ya que en prácticamente todos los pueblos de la zona se conservan interesantes conjuntos de viviendas populares, como la casona de los Rubín de Celis, en Cades.

En esta zona también existieron abundantes molinos y herrerías —de ahí el nombre del municipio—, entre las que destaca la de Cades, que se ha rehabilitado y puede visitarse. Es el primero de los centros de interpretación temáticos abiertos en el marco del Ecomuseo Saja-Nansa.

Si el viajero quiere alojarse o comer en esta zona, puede hacerlo en Casa Nona (Cades, s/n).

Rionansa

En Rionansa también el cocido montañés es motivo de culto: una preparación repleta de ingredientes sobrios, cuyo origen está en la huerta y en la matanza del cerdo, es el secreto de este plato tradicional cántabro. Se puede degustar en la zona en el restaurante La Portilla (Crta. General, s/n), donde son especialistas, aunque si lo que prefiere el viajero es un buen cabrito regado con vino de la tierra, no se preocupe, que también está en el sitio adecuado.

En la zona es interesante asimismo visitar la cueva del Soplao, Bien de Interés Cultural, con categoría de Lugar Natural desde 2005. La de El Soplao es una cavidad única, dotada de un aspecto especialmente singular gracias al aprovechamiento de algunas galerías de la cueva para la explotación de una mina de galena (plomo) y blenda (zinc). Según los expertos, la cueva tiene un interés geomorfológico excepcional.

Del Paleolítico han quedado en Rionansa vestigios importantes; destaca sobre todo la cueva de Chufín, donde se han documentado algunas muestras de arte rupestre en forma de pinturas y grabados que representan caballos, cérvidos y bóvidos, además de otros animales y figuras abstractas.

Tudanca

José María de Pereda

Tudanca es uno de los municipios más conocidos en la literatura española gracias al escritor cántabro José María de Pereda, quien en su novela *Peñas arriba* describe las costumbres y modos de vida de los montañeses de la época, centrando gran parte de la trama en el pueblo de Tudanca, al que llama Tablanca en la novela. A esta localidad llega Marcelo, un joven universitario de buena familia muy unido a la vida de la alta

Entrada a la cueva El Soplao, Bien de Interés Cultural.

La localidad de Carmona, en el municipio de Cabuérniga, luce la arquitectura típica de las casonas montañesas.

sociedad madrileña, invitado por su tío don Celso, propietario de la Casona de Tudanca. En su primer paseo por las montañas ve el pueblo desde lo alto: «*[...] yo contemplaba a vista de pájaro el vallecito de Tablanca, con sus casitas trepando mies arriba detrás de la de mi tío, sola y encaramada en lo alto, como si se hubiese detenido allí para animarlas con la voz y algunas cuchufletas de don Celso*». La localidad de Tudanca fue declarada Conjunto Histórico Artístico en 1983, ya que es un buen ejemplo de núcleo barroco en el que se entremezclan construcciones nobles y populares. En este conjunto arquitectónico destacan algunos edificios en concreto, como la casa de La Herrán, de finales del siglo XVII, con escudo en uno de sus cortavientos; un grupo de corraladas y viviendas, de la misma centuria, situado en la parte alta del pueblo; y la antigua escuela —en la actualidad biblioteca del Alto Nansa—, fundada por el indiano Pascual Fernández de la Cuesta en 1757. En la parte más alta del pueblo destaca la conocida Casona de Tudanca, de la que hablaba Pereda. Su último morador fue el escritor y polígrafo José María de Cossío. En ella reunió una importante biblioteca, en la que, junto con una gran colección de volúmenes, se guardan numerosos manuscritos de insignes escritores de la primera mitad del siglo XX. Poco antes de su muerte, Cossío donó la casona, junto con todo su contenido, a la Diputación Provincial de Santander, que la convirtió en museo.

La Casona de Tudanca

En lo que a mesa y mantel se refiere, la ganadería es la protagonista. La vaca tudanca, que toma su nombre de este municipio, está perfectamente adaptada al medio montañoso.

Utilizado tradicionalmente para los trabajos agrícolas, el ganado de esta zona es recio, ágil, fuerte y de no gran tamaño, aunque en producción láctea le aventaja en mucho la raza frisona. Por este motivo precisamente las vacas tudancas se han destinado a carne, un producto de sabor único y gran calidad por los pastos naturales con los que son criadas. Esta raza ostenta el distintivo de Indicación Geográfica Protegida. Por eso, nada mejor que saborear una buena chuleta de tudanca en cualquier restaurante de la zona, donde se puede

disfrutar de múltiples variantes de ternera tudanca: un buen solomillo albardado con tocino ibérico al queso picón, carrilleras de ternera guisadas al vino o el tradicional y siempre exquisito chuletón de ternera a la parrilla.

Cabuérniga

Cabuérniga es uno de los municipios más representativos de las costumbres y tradiciones regionales. Prueba inequívoca de ello es que muchas canciones, trajes y costumbres llevan el calificativo de «cabuérnigo». Según cuentan muchos, Cabuérniga guarda las esencias de la etnografía y el folclore de la región, conservando una gran riqueza mitológica y de leyendas tradicionales, tal y como reflejan escritores como Manuel Llano.

Ejemplo de ello es «la pasá» o desfile de los rebaños, que constituye en este municipio una gran fiesta que concluye con una cena ofrecida a los pastores y seguida de cantos, bailes y exhibiciones folclóricas.

Un buen lugar para comenzar a conocer el municipio es Carmona, cuyas agrupaciones de casas típicas se han mantenido intactas con el paso del tiempo. Considerado uno de los núcleos rurales mejor conservados de Cantabria y protegido como Bien de Interés Cultural desde 1985, en Carmona destaca la casona de los Díez de Cossío o palacio de los Mier.

En Carmona, el último sábado de septiembre los ganaderos rivalizan entre sí por ver quién cría el mejor ganado vacuno de raza tudanca. Esta competición, que se había originado en la década de 1940, se recuperó en 1990.

El segundo domingo de octubre los ganaderos de Cabuérniga organizan una fiesta parecida: la Campaná.

La iglesia de Carmona

Además de estas sabrosas carnes criadas en los prados y de carnes de caza, en Cabuérniga el viajero también puede degustar otro de los manjares de la zona: la trucha recién pescada del río Saja.

Un buen lugar para comer en Cabuérniga es Las Cuadras del Camino Real, en la posada-hotel Camino Real de Selores (Selores, s/n), donde el envuelto de lomo de novilla e ibérico en *fondue* de quesos o el lomo de venado con crema de castañas y salsa de pasas no dejarán lugar a dudas sobre la calidad de las carnes cántabras.

Los Tojos

El municipio de Los Tojos está situado en el magnífico marco del Parque Natural Saja-Besaya; tiene entre sus reclamos turístico-gastronómicos la carne de caza de jabalí, venado y corzo, procedentes de las batidas que los cazadores llevan a cabo por la Reserva Nacional de Caza del Saja.

También tiene gran importancia en este municipio la apicultura; no debemos olvidar que la miel fue el único edulcorante con que se contaba en el medio rural. Todavía hoy se conservan las colmenas en algunos pueblos de Los Tojos, como en Bárcena Mayor, donde las abejas fabrican una miel de gran calidad gracias al tomillo y el romero que proporcionan los montes de la zona.

Si el viajero quiere quedarse a comer en Los Tojos, una buena

En primavera, el valle de Cabuérniga se viste de verde.

Bárcena Mayor es casi un museo al aire libre, donde podemos contemplar la auténtica arquitectura rural.

opción es el restaurante La Bolera (Crta. General, s/n). Las alubias con venado de la casa o el lechazo y las chuletas de jabalí son sabia elección en tierra de caza.

Bárcena Mayor

La localidad de Bárcena Mayor, declarada Conjunto Histórico Rural en 1979, fue posiblemente un enclave visigodo y foramontano; por tanto, puede que sea uno de los pueblos más antiguos de Cantabria. Aquí encontramos el caserío mejor conservado del municipio, uno de los mejor preservados de Cantabria. Se puede decir que Bárcena es el ejemplo más singular y casi milagroso de lo que fueron nuestros pueblos serranos en otro tiempo. En general, es un grupo muy homogéneo de arquitectura rural con casas, lavadero, cuadras, socarreñas, hornos de pan, etc.

Si el viajero visita esta zona con intención de rendir homenaje al plato por excelencia de la gastronomía cántabra, tiene que acercarse en septiembre al municipio de Ruente. Allí se celebra la Fiesta del Cocido Montañés, declarada de Interés Turístico Regional. Podemos decir que la localidad de Ucieda, en este término municipal, es posiblemente el pueblo cántabro con mayor proporción de mesones especializados en cocina casera; quizás por eso allí se celebra el primer domingo de septiembre esta famosa fiesta culinaria. Numerosos visitantes acuden para degustar, en la campa de la Casa del Monte de Ucieda, en pleno Parque Natural Saja-Besaya, uno de los platos más típicos de la región: el cocido montañés. Durante la mañana se puede presenciar en primera persona cómo se elabora el guiso, que se prepara con ingredientes propios de la comarca: alubias y patatas, repollo y berza, además del compango de cerdo.

Si el viajero no pasa por allí justamente en estas fechas, también puede degustar el cocido en algún restaurante de la zona, como en el mesón Yuyo (Barcenillas), donde también se puede optar por alguna carne de caza, como el estofado de venado.

¿Quién se resiste a un buen cocido montañés?

El tranquilo arroyo de la Fuentona a su paso por Ruente

Ruente

En Ruente se puede visitar La Fuentona, un manantial natural de carácter intermitente que sale de una cueva a escasos metros. Resulta singular, pues a pesar de contar con un caudal en muchas ocasiones equivalente al del río Saja, deja de manar misteriosamente durante un buen rato y, al cabo del mismo tiempo, vuelve a verter de nuevo la misma cantidad de agua que al principio. Por la rareza de este fenómeno, se ha convertido en un manantial inspirador de argumentos literarios y de grandes leyendas, como la que cuenta que una anjana que habita en La Fuentona es la causante de que las aguas dejen de manar en ciertos momentos. La anjana es un personaje de la mitología cántabra que, según los antropólogos, tiene preferencia por las fuentes y los manantiales. Suele tratarse de un ser bondadoso, dadivoso y milagrero. Es además para los cántabros la protectora de las gentes honradas, de los enamorados y de quienes se extravían en el bosque y por los caminos.

El puente medieval de Ruente

Cabezón de la Sal

En Cabezón de la Sal se puede visitar el Museo de la Naturaleza de Cantabria. Se encuentra situado en la Casa de Ygareda, en Carrejo, y fue inaugurado en 1990. En él se exhibe una amplia colección de animales disecados que se completan con una selección de ochenta especies vegetales. El montaje expositivo se divide en cuatro apartados: la franja costera, los ríos, el bosque y la alta montaña. En cada uno se reproducen los aspectos más significativos de su flora y fauna a través de maquetas, montajes de los distintos hábitats, especies botánicas, etc.

La denominación de Cabezón de la Sal procede de la época romana, pues el término «cabezón» designa una medida que se utilizaba en el imperio para la compraventa de sal. Posteriormente, al nombre se le dio el apellido «de la Sal» por ser esta su principal riqueza.

Se puede visitar una típica aldea de pobladores prerromanos de la zona en Cabezón de la Sal desplazándose al alto conocido como Picu de la Torre, también llamado Parque de los Artistas.

El poblado comprende varias cabañas rodeadas por un muro de piedra, dotadas de todos los elementos de mobiliario y ajuar propios de este tipo de edificios y utilizados por aquellos pueblos. Todo ello con un recinto expositivo dedicado a los grupos humanos de la Edad del Hierro.

En Cabezón de la Sal se localizan además varias muestras de arqueología preindustrial cántabra. La más destacada es el molino de la Cabroja, situado en la capital del municipio, y cuyo origen se remonta al siglo XVIII. Fue incluido en 2002 en el Inventario General del Patrimonio Cultural de Cantabria.

Gastronómicamente hablando, en este municipio cántabro destaca un producto de la repostería: los conocidos como «palucos de Cabezón», elaborados con coco, azúcar, miel y huevos, entre otros ingredientes. También se pueden degustar en Cabezón suculentos platos de cuchara y tenedor, como las alubias con codornices, el lechazo al horno y los guisos de trucha, salmón o venado. Un lugar para hacerlo puede ser la posada rural Cabrojo (barrio del Cabrojo, 73).

Mazcuerras

Tal y como sucede con otros municipios de esta comarca de Saja-Nansa, Mazcuerras fue también un escenario literario. En este caso, aquí ambientó la escritora cántabra Concha Espina su obra *La niña de Luzmela*, publicada en el año 1909. La prolífica novelista, nacida en Santander, pasó largas temporadas de su vida en estos parajes y la casa en la que residió se alza todavía en pie. Tal vez por eso la literatura es entendida como un fenómeno vivo y por ello la biblioteca de Mazcuerras ha sido distinguida por sus esfuerzos en la generalización de los hábitos de lectura entre los vecinos.

La escritora Concha Espina

Algunos escritores han llegado incluso a decir que aquí nació España, ya que tradicionalmente Mazcuerras se ha identificado con Malacoria, el lugar de donde salieron importantes grupos de foramontanos con la finalidad de repoblar Castilla.

En Cos, localidad del municipio de Mazcuerras, se puede visitar la ermita de Cintul, única de sus características en toda la comarca. Es una pequeña capilla de una sola nave de finales del siglo XIV, con curiosas ventanas ajimezadas, de influencia gótica, sobre las cuales hay un óculo con cruz griega.

Para los aficionados a la micología, Mazcuerras es un enclave ideal, ya que en sus montes crecen múltiples variedades de setas. Es típico disfrutar en la zona de un buen revuelto de setas con un sofrito de ajo o panceta curada con hierbas aromáticas.

Se puede comer en Mazcuerras en La Venta de Santa Lucía (barrio Santa Lucía, s/n), donde la carta es amplia y exquisita; ejemplo de ello son la ensalada de paloma escabechada y el entrecot en salsa de setas, o la terrina de *foie*, las almejas con mollejas de lechazo, las albóndigas de rape y o las carnes de tudanca.

Reocín

Reocín es el último pueblo que visitaremos en la comarca de Saja-Nansa. Si el viajero pasa por allí en el mes de junio, podrá asistir a la romería de San Benito, concretamente en la localidad de Barcenaciones. Esta fiesta ha sido declarada de Interés Turístico Regional y consiste en una típica romería montañesa con misa, procesión, comida campestre y verbena. Allí se puede, además, visitar la iglesia de San Juan Bautista, del siglo XVII.

Las típicas alubias con codornices son una excelente opción.

En el ámbito civil, del patrimonio histórico municipal destacan la torre y el palacio de Bustamante, en Quijas, las numerosas casonas solariegas de los siglos XVII y XVIII y la finca de Puente San Miguel, declarada Bien de Interés Cultural con la categoría de Jardín Histórico.

En el terreno gastronómico, esta zona destaca por el cariño con el que se elaboran los tradicionales platos caseros. De esta forma, cobran importancia las recetas de legumbres, siendo el cocido montañés el rey de los guisos. Las carnes de vacuno, así como los peces de río, son las materias primas a partir de las cuales se preparan deliciosos platos. Todo ello podrá disfrutarse en la hostería Casa Calvo (Carretera de Oviedo, km. 182, Puente San Miguel). Allí la lista de recomendaciones es larga: pimientos rellenos de bacalao, albóndigas de calamares o de carne, o unas mollejas realmente estupendas. Quien prefiera los productos de la huerta, gozará tanto con la menestra de verduras como con el cardo con almendras. Entre las carnes, lo más solicitado son los escalopines en salsa de queso. Pero hay que dejar sitio para el postre: tarta de queso, brazo de gitano u hojaldre casero con crema templada... ¡difícil elegir!

Conejo a la montañesa con setas

PARA 4 PERSONAS

DIFICULTAD: MEDIA

TIEMPO: 1 HORA Y 40 MINUTOS

Ingredientes:

1 kg de conejo cortado en trozos
1 cebolla
2 tomates
1 pimiento rojo
250 g de setas
2 pimientos choriceros
200 ml de vino blanco
1 cucharada de harina
50 g de piñones y almendras
1 cucharón de aceite de oliva
pimienta
sal

Para el caldo:
1 trozo grande de morcillo de ternera
250 g de pollo
1 hueso de rodilla de ternera
1 hueso de espinazo de cerdo
1 hueso de jamón
1 cebolla
3 zanahorias
2 puerros
3 dientes de ajo
1 rama de apio
1 tomate

Preparación:

- Preparar el caldo con los ingredientes indicados, poniéndolos a cocer en una olla grande con abundante agua, durante al menos 2 horas. Colar el caldo y reservar.
- Poner a ablandar en un cuenco con agua caliente el pimiento choricero. Una vez ablandado raspar la pulpa con un cuchillo y reservar.
- Cortar la cebolla en juliana bien fina y limpiar y cortar los pimientos en daditos y reservar ambos.
- Rallar los tomates y reservar.
- Picar en el mortero los piñones y las almendras.
- Limpiar las setas y saltear en una sartén con aceite de oliva y un poco de sal. Reservar.
- Salpimentar los trozos de conejo y rebozar en harina. Dorar en una sartén con aceite de oliva. A continuación colocarlos en la cazuela.
- En la sartén donde se ha rehogado el conejo, hacer un sofrito con la cebolla, el pimiento rojo y la pulpa del pimiento choricero. Cuando el pimiento empiece a coger color, añadir el tomate y rectificar de sal. Poner también un poco de pimienta y la cucharada de harina. Remover, agregar el vino y cocer 10 minutos más.
- Una vez terminado, verter sobre el conejo junto con la picada de piñones y almendras y cubrir con el caldo reservado. Dejar cocer a fuego medio durante 40 minutos. Pasado este tiempo, rectificar de sal si fuera necesario, añadir las setas salteadas y dejar al fuego 10 minutos más.
- Retirar y servir caliente.

Ternera con patatas

PARA 4 PERSONAS
DIFICULTAD: MEDIA
TIEMPO: 2 HORAS

Ingredientes:

1 kg de carne de ternera
500 g de patatas
1 cebolla
4 dientes de ajo
500 ml de agua
500 ml de vino blanco
1 cucharada de vinagre
2 pimientos verdes
harina para rebozar
2 hojas de laurel
1 cucharada de pimienta en grano
1 ramita de perejil
1 ramita de tomillo
aceite de oliva
pimienta
sal

Preparación:

- Cortar la carne en dados grandes como para hacer un estofado.
- Pelar la cebolla y cortarla en juliana. Pelar los ajos y filetearlos no muy finos.
- Salpimentar la carne y pasarla por harina hasta que esté completamente rebozada. Echarla en una cazuela con aceite caliente y dorarla por todas partes.
- Una vez que los trozos de carne estén dorados, añadir a la cazuela la cebolla y el ajo, el perejil picado, el tomillo, el laurel, la pimienta, el vino blanco, el agua y el vinagre.
- Dejar cocer con la cazuela tapada y a fuego lento durante 1 hora.
- Mientras tanto, pelar las patatas, cortarlas en dados y freírlas en una sartén con aceite; reservar.
- Lavar los pimientos, cortarlos en tiras y freírlos en el mismo aceite de las patatas; reservar.
- Una vez pasado el tiempo de cocción de la carne, agregar las patatas y los pimientos fritos, y cocer durante 30 minutos más.
- Servir el plato bien caliente.

Morcillo en salsa

PARA 4 PERSONAS
DIFICULTAD: MEDIA
TIEMPO: 2 HORAS Y 30 MINUTOS

Ingredientes:

800 g de morcillo de ternera
2 dientes de ajo
2 cucharadas de piñones
3 cucharadas de aceite de oliva
3 pimientos morrones
2 cebollas
1 hoja de laurel
100 ml de vino dulce
2 ramitas de perejil
pimienta negra
sal

Preparación:

- Poner en remojo los piñones en un cuenco con agua templada.
- Lavar la carne y secarla con papel de cocina.
- Atar la pieza con un hilo de bramante para que conserve su forma.
- Calentar el aceite en una cazuela y freír la carne hasta que esté dorada por todos los lados.
- Pelar y picar la cebolla, los dientes de ajo y los pimientos e incorporarlos a la cazuela junto con la hoja de laurel. Salpimentar.
- Añadir el vino y cuando este se evapore un poco, cubrir todo con agua. Cocer a fuego muy lento durante unas 2 horas, hasta que la carne esté tierna.
- Quitar el bramante, retirar el laurel y pasar la salsa por el chino.
- Escurrir los piñones y agregarlos a la salsa.
- Cortar la carne en lonchas, disponerlas en una fuente para servir, regarla con la salsa y decorar con el perejil.

nera con patatas

Conejo en escabeche

PARA 4 PERSONAS
DIFICULTAD: BAJA
TIEMPO: 1 HORA

Ingredientes:

1 kg de conejo
½ cebolla
3 ramitas de apio
2 zanahorias grandes
2 dientes de ajo
150 ml de vino blanco
150 ml de vinagre
200 ml de aceite de oliva
1 ramita de tomillo
1 hoja de laurel
pimienta negra en grano
sal

Preparación:

- Limpiar el conejo, trocearlo y salarlo al gusto.
- Poner una cazuela al fuego con el aceite y cuando esté bien caliente freír los trozos de conejo hasta que estén dorados. Retirar y reservar.
- Pelar la cebolla y picarla. Lavar las zanahorias, pelarlas y cortarlas en rodajas. Limpiar el apio y picarlo. Echarlo todo en la misma cazuela en la que se ha frito el conejo y añadir los dientes de ajo, el tomillo, la hoja de laurel y unos granos de pimienta.
- Rehogar todo junto unos 5 minutos y a continuación añadir el vino y el vinagre.
- Dejar cocer a fuego medio 10 minutos más.
- Pasado ese tiempo, incorporar la carne de conejo reservada y añadir agua hasta que todo quede bien cubierto. Cocer a fuego medio durante 30 minutos más.
- Una vez listo, retirar del fuego y dejar enfriar.
- Servir el conejo acompañado con la salsa. Si se desea que la salsa quede cremosa, se puede trabajar con la batidora.

Mero al horno con setas

PARA 4 PERSONAS
DIFICULTAD: MEDIA
TIEMPO: 40 MINUTOS

Ingredientes:

800 g de lomos de mero
200 g de setas de temporada
100 g de mantequilla
1 ramita de tomillo fresco
10 g de pimienta verde
100 ml de vino blanco

Preparación:

- Lavar el pescado y secarlo con un paño o con papel de cocina.
- Pasar los lomos de mero por la plancha vuelta y vuelta para marcarlos.
- Limpiar bien las setas y pasarlas también por la plancha unos minutos.
- Echar en una cazuela un poco de mantequilla, el tomillo y la pimienta. Rehogar en esta mezcla los lomos de mero ya marcados y las setas.
- Rociar con el vino blanco y flambearlo todo.
- A continuación, meter la cazuela en el horno precalentado a 200 °C durante unos 5 minutos, dependiendo del grosor que tengan los lomos de mero.
- Sacar el pescado del horno y repartirlo en los platos. Sacar también las setas y colocarlas alrededor del pescado.
- Añadir el resto de la mantequilla a la salsa que queda en la cazuela y ligarla. Rociar el pescado con la salsa y servir.

Conejo en escabeche

En estos idílicos parajes nace el Ebro, el río más caudaloso de España.

La comarca de Campoo

La de Campoo es una de las comarcas menos conocidas de Cantabria, pero no porque sea poco interesante. Situada entre los denominados «valles del Sur», concretamente Campoo y Valderredible, es el lugar de nacimiento de los ríos Híjar, Pisuerga y Nansa, en cuyo inicio se encuentra el pico Tresmares o Tres Mares.

Su nombre deriva del nacimiento de estos tres ríos, con cuencas distintas que conducen sus aguas a tres mares diferentes: al Mediterráneo, el Atlántico y el Cantábrico, respectivamente. La belleza del espectáculo inspiró al poeta Gerardo Diego un poema dedicado a esta montaña:

Ni una gasa de niebla ni una lluvia
o cellisca ni una dádiva de nieve
ni un borbollar de fuente candorosa
dejo perderse. Madre soy de Iberia
que incesante en mi seno nace y dura.
A los tres mares que la ciñen, corren
–distintas y purísimas– mis aguas.
Al Ebro el Híjar, el Pisuerga al Duero
y el Nansa se despeña. Tres destinos:
Mediterráneo, Atlántico, Cantábrico.
Y mi cúspide eterna, bendiciendo
–vientos de Dios– España toda en torno.
Prostérnate en mi altar si eres hispano.
Si de otras tierras, mira, admira y calla.

Para aquellos visitantes interesados en los deportes de nieve y de aventura, o en todo lo relacionado con la naturaleza, la comarca de Campoo es un sitio ideal. El enclave en el que está situada hace de ella un lugar excepcional para disfrutar de los paisajes y de la montaña. Destacan entre todas sus escarpadas sierras las de Peña Labra y El Cordel, ambas con cumbres por encima de los 2.000 m. En todas ellas habitan numerosos animales de montaña, como el lobo, el oso, el jabalí, el corzo y el tejón. En Campoo nace el Ebro, concretamente en Fontibre; a su paso por Villaescusa se puede contemplar el espectáculo de sus profundas hoces. El pantano del Ebro, además, alberga

El pantano del Ebro ocupa un extenso espacio y es hábitat de numerosas especies de aves acuáticas.

La colegiata románica de Cervatos

una gran cantidad de aves acuáticas y es parada obligada de numerosas aves migratorias.

Esta zona fronteriza entre Cantabria y Castilla alberga numerosos vestigios arqueológicos de distintas épocas. De los romanos conserva las ruinas de Julióbriga, fundada por la IV legión romana en el siglo I a. C., posiblemente sobre un antiguo castro cántabro.

Del periodo de la cristianización el viajero puede visitar las ermitas rupestres de Valderredible, del siglo IX, que comparten en muchos casos escenario con cementerios rupestres, como es el caso del de Castrillo de Valdelomar, cerca de Santa María de Valverde, donde se encuentran numerosas tumbas excavadas, entre ellas muchas de niños de corta edad. También se pueden ver en Peña de San Pantaleón, en Puente del Valle, donde, además de tumbas rupestres, aparecen otros cubículos excavados en la base de la roca.

Sarcófagos medievales en el santuario de Montesclaros

En cuanto a la arquitectura religiosa, destacan las colegiatas románicas de Cervatos y San Martín de Elines, en plena ruta del románico.

Se puede además visitar en la comarca de Campoo el santuario de Montesclaros, remanso de paz rodeado de bosques, cuya fundación es anterior al año 1000. El santuario se encuentra en una elevación a casi 1.000 m de altitud. Desde allí el viajero puede vislumbrar los primeros pasos del río Ebro tras superar la presa del embalse. Se encuentra rodeado de bosques de robles, hayas y avellanos, y en su territorio se edificó la iglesia que alberga a la Virgen de Montesclaros, patrona de Campoo. Bajo el templo pueden contemplarse además diversos restos arqueológicos.

En su gastronomía y dada la riqueza de sus tierras, destaca su excepcional ganado vacuno de montaña. En Campoo de Enmedio, por ejemplo, la carne de ternera goza de merecida fama; pero también son afamadas la de potro, lechazo y cabrito. Completan el conjunto de los alimentos de calidad tradicionales de este municipio las setas, concretamente sus *Boletus edulis*, y las truchas.

Por Campoo de Yuso no puede pasar el viajero sin probar su pan, las famosas hogazas de pan de pueblo de Orzales, y también de La Población. Ambas son de sobra conocidas en toda la comarca. El pan es uno de los productos más característicos del municipio por su elaboración tradicional, ya que su cocción se realiza en antiguos hornos de leña.

Reinosa

En la capital de la comarca de Campoo, Reinosa, se puede dar buena cuenta de la cocina campurriana: la olla ferroviaria, el chuletón de rechao (ternero de un año que todavía mama) y la miel de brezo. Esta última se extrae de colmenas situadas en los montes, entre unos 900 y 1.400 m de altura. Es la de Reinosa una miel difícil de cosechar, intensamente floral, de color oscuro, marrón rojizo, y sabor fuerte y persistente.

En Reinosa se elaboran además las llamadas «pantortillas», un fino hojaldre que constituye uno de los productos típicos más atrayentes de la repostería del municipio, sin olvidar, cómo no, las rosquillas del Ebro, el arroz con leche y las empanadas.

En Reinosa se debe degustar la rica miel de brezo.

San Miguel de Aguayo

San Miguel de Aguayo es famoso por su receta de asadurilla de cabrito, que se elabora con el hígado y el pulmón del animal, tomate, cebolla, ajo, vino tinto, aceite, sal y pimienta. Tras rehogar el ajo y la cebolla se añaden el resto de los ingredientes, excepto el hígado, que se agrega cinco minutos antes de finalizar la cocción del guiso.

Rozas de Valdearroyo

Si el viajero pasa por las Rozas de Valdearroyo también podrá disfrutar de su pastel de col, que se elabora con venado, tocino, cerdo, repollo, huevos, cebolla, frutos secos, sal, pimienta y brandy. Una vez cocidos todos los ingredientes, se coloca en un molde de horno una capa de repollo y otra de carne de venado hasta rellenarlo.

Campoo de Suso

Otro punto importante es Campoo de Suso, con buenos artesanos del queso y de la miel, de las mermeladas y las confituras silvestres. Por estos campos se recoge la exquisita seta de primavera. Y también son famosos aquí los productos relacionados con la matanza del cerdo, así como el excelente pan de pueblo de alguno de los hornos de la zona, como el pan de Abiada o las tortas de Argüeso.

Valderredible

Las mejores patatas de Cantabria se cultivan en Valderredible: crecidas en sus tierras de secano, son el producto que goza de mayor popularidad por su extraordinaria calidad. Acompañan en muchas ocasiones al pollo de corral o picasuelos de Campoo de Yuso.

Pero además de patatas, en Valderredible se disfruta de buena miel, como en toda la zona, y de un sabroso queso que se elabora en Ruerrero, el Valluco, artesano puro de oveja.

Valdeolea y Valdeprado de Río

En Valdeolea y Valdeprado de Río ofrecen buenas carnes de vacuno, lechazo, cordero y cabrito, así como miel de brezo y un estupendo pan, el de Olea, cocido en horno de leña. En Valdeolea nació además uno de los platos por excelencia de la comida cántabra, que hemos mencionado hace unas líneas y del que hablamos en algunas otras partes de este libro: la olla ferroviaria.

Pesquera

También son sabrosos los quesos de Pesquera, ya que son innumerables las cabañas ganaderas de producción láctea de la zona. Su existencia ha hecho que proliferen las queserías campurrianas, al igual que en Campoo de Suso y Valderredible. Cada año se celebra, a mediados de agosto, la Feria del Queso de Pesquera, con la cual el pueblo rinde homenaje a los artesanos queseros de la zona.

Como se puede comprobar, cualquiera de las regiones que componen esta comunidad cántabra es un magnífico tesoro de paisajes, colores y sabores que trazan un colorido camino para el viajero que las recorre.

La torre de la iglesia de Villanueva de las Rozas, en el pantano del Ebro, puede ser visitada mediante una pasarela de madera.

Olla ferroviaria

PARA 8 PERSONAS
DIFICULTAD: MEDIA
TIEMPO: 2 HORAS

Ingredientes:

1 kg de carne de ternera
1 kg de patatas
4 dientes de ajo
1 cebolla
50 ml de aceite de oliva
½ cucharada de pimienta en grano
1 pimiento verde
1 cucharada de pimentón picante
2 guindillas en vinagre
1 tomate
2 zanahorias
3 hojas de laurel
1 ramita de perejil
sal

Preparación:

- Verter el aceite en una cazuela y rehogar la cebolla y los dientes de ajo pelados y picados.
- Cortar la carne en dados pequeños, salarla y agregarla a la cazuela cuando la cebolla esté transparente. Seguir rehogando a fuego medio hasta que la carne esté dorada.
- A continuación, añadir el resto de los ingredientes (excepto las patatas) y agua suficiente para cubrir todo. Cocer durante 1 hora a fuego lento.
- Mientras tanto, pelar las patatas y cortarlas en dados medianos.
- Transcurrida 1 hora de cocción de la carne, agregar las patatas a la cazuela y dejar cocer durante 40 minutos más o hasta que todo esté en su punto.
- Retirar del fuego y dejar reposar unos minutos antes de servir.

La olla ferroviaria nació alrededor de 1895 cuando se inauguraba el tramo del ferrocarril Bilbao–La Robla. Fueron los maquinistas, fogoneros y guardafreneros los que la inventaron debido a la falta de tiempo para cocinar dentro del intenso horario laboral de entonces, que oscilaba entre las 10 y las 16 horas de trabajo, tiempo que tardaba la locomotora en hacer el recorrido. El enorme frío y el trabajo pesado que realizaban, hacía necesario al menos una comida caliente al día. De esta manera, idearon este utensilio, consistente en un puchero de barro o porcelana con tapa, sujeto por la parte de arriba con un collarín y que se introduce dentro de un cuerpo cilíndrico con tres patas.
La olla ferroviaria o putxera, como la denominan en algunos lugares, sigue despertando pasiones y está presente en muchos eventos y concursos de carácter culinario, así como en fiestas y reuniones familiares.

Albóndigas en salsa

PARA 4 PERSONAS

DIFICULTAD: MEDIA

TIEMPO: 1 HORA

Ingredientes:

400 g de carne de ternera picada
100 g de tocino picado
1 cebolla
1 pimiento asado pelado
2 dientes de ajo
1 huevo
1 rebanada de pan con miga
1 taza de leche
1 ramita de perejil
1 hoja de laurel
1 cucharadita de pimentón
100 g de harina
50 ml de vino blanco
300 ml de aceite de oliva
pimienta
sal

Preparación:

- En un cuenco, amasar la carne de ternera y el tocino junto con el ajo y perejil bien picados. Incorporar la miga de pan remojada en la leche y añadir el huevo; salpimentar, trabajar bien la mezcla y dejarla reposar unos 20 minutos.
- Pasado este tiempo, formar las albóndigas, enharinarlas y freírlas en una sartén con el aceite caliente.
- Cuando estén doradas, retirarlas y disponerlas en una cazuela de barro.
- En el mismo aceite, rehogar la cebolla cortada fina y, cuando empiece a tomar color, espolvorearla con 1 cucharadita de harina y el pimentón.
  A continuación, bañarla con el vino blanco y 200 ml de agua, aromatizar con la hoja de laurel y dejar cocer unos minutos.
- Verter esta salsa sobre las albóndigas y dejarlas cocer lentamente, sacudiendo de vez en cuando la cazuela.
- Cuando las albóndigas estén en su punto, rectificar de sal y pimienta, añadir el pimiento cortado en tiras y retirar el laurel.
- Servir en la misma cazuela.

Pastel de jamón y queso

PARA 4 PERSONAS
DIFICULTAD: MEDIA
TIEMPO: 45 MINUTOS (MÁS EL TIEMPO DE REPOSO)

Ingredientes:

100 g de paté
30 g de mantequilla
1 pan mediano de molde
4 huevos
8 lonchas de jamón cocido
8 lonchas de queso cremoso
400 ml de leche
sal

Preparación:

- Eliminar la corteza a las rebanadas del pan de molde.
- Batir los huevos con un poco de sal y mezclarlos con la leche; reservar.
- Engrasar con mantequilla un molde rectangular.
- Untar las rebanadas de pan con el paté y formar una base en el molde.
- Sobre esta capa de pan colocar una capa de queso y otra de jamón, así hasta terminar con el pan, el queso y el jamón.
- A medida que se van colocando las capas, ir rociándolas con la mezcla de huevos y leche hasta cubrir el pastel.
- Rociar ligeramente con la mezcla la capa de pan que cubre el pastel.
- Introducirlo en el horno al baño maría durante 30 minutos a temperatura baja, hasta que esté bien cuajado.
- Dejarlo reposar 1 hora antes de desmoldarlo sobre una fuente y servir.

Jabalí estofado

PARA 6 PERSONAS
DIFICULTAD: ALTA
TIEMPO: 2 HORAS Y 20 MINUTOS (MÁS EL TIEMPO DE MACERACIÓN)

Ingredientes:

1 kg de carne de jabalí troceada
vino tinto
2 cebollas
2 zanahorias
1 puerro grande
1 diente de ajo
6 almendras tostadas
6 avellanas tostadas
1 galleta maría
7 g de chocolate negro
patatas parisinas cocidas
harina para rebozar
aceite de oliva
pimienta
sal

Preparación:

- Poner en un recipiente grande la carne junto con las cebollas peladas y troceadas, las zanahorias peladas y cortadas en rodajas gruesas, y el puerro limpio y troceado. Cubrir todo con vino tinto y dejar macerar en la nevera durante unas 24 horas.
- Pasado este tiempo, separar la carne de las verduras y escurrir ambas cosas. Reservar también el vino de la maceración.
- Salpimentar la carne, enharinarla y freírla en una cazuela con aceite. Reservar.
- Echar un poco de aceite en otra cazuela y rehogar las verduras unos 10 minutos a fuego lento.
- Añadir el vino tinto reservado de la maceración y cocer 5 minutos más.
- Incorporar el jabalí y un poco de sal, tapar la cazuela y cocer durante 1 hora y 30 minutos.
- A continuación, añadir las patatitas a la cazuela y cocer a fuego lento hasta que se reduzca la salsa y la carne esté tierna. Si es necesario, agregar un poco de agua.
- Cuando falten unos 3 minutos para acabar la cocción, incorporar un majado hecho con las almendras, las avellanas, el diente de ajo, la galleta y el chocolate. Servir todo caliente en una fuente honda.

Las cabañas pasiegas esparcidas por el monte son el testimonio de la histórica trashumancia.

La comarca de Pas-Miera o los Valles Pasiegos

Esta comarca responde a la imagen prototípica de la tierra cántabra: valles verdes cubiertos de pastizales.
En la zona se encuentran las cuencas siempre verdes de los ríos Pas, Pisueña (Carriedo) y Miera. En esta última, concretamente en su valle más cerrado, el de Miera, se halla un circo glaciar.

Estos valles han visto circular a muchos pastores con sus rebaños, pues sus pobladores, los pasiegos, han vivido históricamente de la trashumancia. Para ello se valen de las numerosas cabañas pasiegas que salpican los paisajes de esta bella zona de Cantabria. En época invernal viven en los valles con su ganado y en primavera, a medida que mejora el tiempo, se van trasladando de cabaña en cabaña monte arriba. De este modo las vacas pastan en los prados hasta llegar a las zonas altas y, en otoño, bajan de nuevo hasta llegar al valle en invierno. Esta costumbre trashumante de los pasiegos, la llamada «muda», hace necesario disponer de numerosas cabañas donde se pueda alojar la familia y guardar el ganado. La dureza de este modo de vida ha hecho que apenas se practique en la actualidad.

La mejor forma de comprender este estilo de vida, que ha ido pasando de generación en generación a lo largo de los tiempos, es visitar el Museo de las Tres Villas Pasiegas, que son San Pedro del Romeral, San Roque de Riomiera y Vega de Pas, donde se encuentra este rincón dedicado a la etnografía.

Debido a la orografía de esta tierra, el patrimonio artístico ha ido quedando muy diseminado. Buenos puntos de partida para la visita son los balnearios de Puente Viesgo y Liérganes.

Como en muchas otras zonas de Cantabria, también en esta comarca el viajero encontrará interesantes vestigios arqueológicos, por eso le recomendamos visitar las conocidas cuevas de Puente Viesgo, con pinturas rupestres que cuentan con más de 30.000 años de antigüedad. Es el conjunto de pinturas más amplio de Cantabria, ya que posee más de 150 figuras de animales y un gran número de signos. Los testimonios que aportan, sin ser tan espectaculares como los de Altamira, son también de un valor incalculable.

En estas humildes moradas vivían las familias durante las épocas de la muda.

Llama la atención el conjunto arquitectónico de Vega de Pas, donde las casas se amontonan unas junto a otras, observándose las cabañas típicas y una arquitectura más moderna con sus largas solanas y profusión de galerías acristaladas. En la localidad de Esles también se reflejan las características de la vivienda popular de estos valles. Es interesante asimismo hacer una visita al palacio de Soñanes, en Villacarriedo, quizás el palacio más gran-

El suntuoso palacio de Soñanes es actualmente un elegante hotel.

dioso y monumental de Cantabria. Construido en 1722, ha sido atribuido al arquitecto italiano Cosimo Fontanelli. La escalera principal y el vestíbulo son un auténtico juego de pilastras, arquerías y columnas de gran originalidad, lo que convierte a Soñanes en un conjunto singular del barroco italorregional digno de ser visitado.

En la comarca pasiega los pocos bosques autóctonos que quedan cuentan con avellanos, fresnos, castaños y robles. En general, la arboleda se encuentra bastante reducida por la abundancia de praderías. Por lo tanto, no es de extrañar que la vaca pasiega, hoy casi extinguida, diera la mejor leche. Esta y sus derivados, como la mantequilla, han hecho de la región un lugar ideal para degustar una gran variedad de repostería, como los sobaos y las quesadas. Son estos los mejores embajadores de la calidad gastronómica de la tierra cántabra.

Un delicioso tentempié: los sobaos pasiegos

En las tres villas pasiegas, San Roque de Riomiera, Vega de Pas y San Pedro del Romeral, se deben comprar los sobaos grandes, que llevan auténtica mantequilla pasiega, como la de Villacarriedo. También Selaya es un buen sitio para comprar dulces: los sobaos son similares, pero las quesadas tienen sabores y texturas diferentes.

En San Roque también puede parar el viajero a probar su queso, elaborado de la manera tradicional: a la leche recién ordeñada se le añadía la presura o cuajo natural y se dejaba en un lugar templado; al cabo de un par de horas se cortaba la cuajada con la gusta (una especie de arpa metálica), se separaba el suero y se ponía en un molde cerámico, al tiempo que se iba salando y moldeando a mano.

En Villafufre la elaboración del queso de oveja ha sido recuperada con éxito gracias a la instalación de una quesería ar-

Un entorno natural de incomparable belleza rodea la localidad de Vega de Pas.

La robusta colegiata de Santa Cruz, en Castañeda, es considerada una joya del románico.

tesana en el término municipal, que ha logrado hacer de sus productos una de las principales aportaciones a la gastronomía local.

Entre los productos típicos de esta zona no se deben olvidar algunas frutas, como los higos y las cerezas, abundantes en Ojuriego. Son también famosos los quesos de Corvera de Toranzo y Luana y las quesadas de Ontaneda.

Continuando con la repostería cántabra, en Santa María de Cayón es imperdonable no probar la tarta pasiega de Cayón. Cuentan que el origen de este postre se encuentra en el entorno de la factoría de Nestlé, donde los empleados tenían fácil acceso a la leche condensada y a los sobaos de la zona. Esta tarta, hecha a base de manzana, avellanas tostadas, mantequilla, sobaos pasiegos y abundante leche condensada, se completó con piña. Una auténtica delicia, muy contundente.

Una pausa para saborear la torta pasiega.

En el año 1589 los molinos del valle de Toranzo se pusieron al servicio de la Corona y estuvieron dedicados a moler trigo para elaborar bizcocho con el que abastecer a las naves de la Armada. El popular bizcocho que se prepara en la actualidad en Santiurde de Toranzo ya no tiene mucho parecido con aquel, que era la dieta básica del marino de la Edad Moderna y consistía en una dura y seca torta de pan cocida dos veces, a fin de que se conservara. El viajero no debería dejar pasar de largo la oportunidad de degustar el rico bizcocho que hacen esta localidad.

Aparte de los dulces, también hay que probar en la comarca del Pas la carne de vacuno, el guiso de cabrito, las alubias estofadas o las truchas, como las que se preparan en papillote en Saro. La existencia en el río Pisueña del coto de pesca Puente del Diablo y, más recientemente, de una piscifactoría en Saro, ha hecho que la trucha tenga una amplia presencia en las mesas de la zona, como por ejemplo las truchas con cebolla. Entre los ingredientes de esta receta, además, se incluyen hortalizas cultivadas en las pequeñas huertas de los carredanos, como el puerro y la zanahoria. No se puede concluir una visita a la comarca de los Valles Pasiegos sin probar en Castañeda, como su propio nombre indica, las castañas, y en Puente Viesgo, sus famosas patatas al estilo Puente Viesgo.

Patatas estilo Puente Viesgo

PARA 6 PERSONAS
DIFICULTAD: MEDIA
TIEMPO: 1 HORA Y 45 MINUTOS

Ingredientes:

1 kg de patatas
250 g de tomates
2 dientes de ajo
6 puerros
2 chorizos ahumados
2 huevos
aceite de oliva
1 ramita de perejil
pimienta
sal

Preparación:

- Pelar y picar los dientes de ajo muy finitos. Limpiar los puerros y picarlos también. Rehogar ambos en una cazuela con aceite de oliva caliente hasta que estén bien pochados.
- Llevar a ebullición agua en una cazuela. Hacer una muesca en forma de cruz en la base de cada tomate. Cuando el agua rompa a hervir, escaldar los tomates 2 minutos. Retirarlos del agua y pelarlos. Cortarlos en cuartos, quitarles las semillas y añadirlos a la cazuela. Dejar cocer todo junto.
- Pelar las patatas y cortarlas en dados. Añadirlas al resto de las hortalizas y dejar que se rehoguen a fuego lento para que suelten la fécula poco a poco.
- Incorporar los chorizos a la cazuela y dejar que cueza todo junto unos minutos más para que coja sabor.
- Cubrir todo con agua, salpimentar y dejar cocer a fuego lento unos 45 minutos.
- Mientras tanto, cocer los huevos 15 minutos en un cazo. Escurrir el agua, pelar los huevos, picarlos y añadirlos a las patatas junto con el perejil picadito.
- Una vez que el caldo de las patatas se haya espesado, retirarlas del fuego y servir caliente.

Rabo de vaca con mollejas

PARA 4 PERSONAS
DIFICULTAD: ALTA
TIEMPO: 4 HORAS

Ingredientes:

2 kg de rabo de vaca
200 g de mollejas de lechazo
3 cebollas rojas
1 tomate
2 puerros pequeños
4 dientes de ajo
500 ml de vino tinto
250 ml de vino blanco
100 ml de brandy
3 l de agua
1 hoja de laurel
50 g de setas de temporada
aceite de oliva
pimienta
sal

Preparación:

- Limpiar el rabo de grasa y cortar los trozos en partes iguales. Salpimentar la carne al gusto.
- Enharinar los trozos de carne y sofreírlos a fuego fuerte en una cazuela con aceite. Cuando estén dorados, flambearlos con el brandy. Retirar la carne de la cazuela y reservar.
- En la misma cazuela de sofreír la carne, rehogar dos cebollas y los puerros, todo picadito. A continuación, agregar la carne reservada, el vino tinto, el vino blanco, el agua, el tomate troceado, el laurel y dos dientes de ajo.
- Cocer durante 2 horas a fuego muy lento y espumar de vez en cuando.
- Una vez hecha la carne, dejarla enfriar. Después, deshuesarla y con la carne obtenida formar unos rulos con ayuda de film transparente. Reservar.
- Triturar la salsa donde se ha cocido la carne y reducirla un poco. Reservar.
- Poner a calentar aceite en una sartén y freír los dos dientes de ajo restantes pelados y picados. Una vez dorados, agregar la cebolla restante picada. Cuando empiece a caramelizarse, añadir las mollejas. Rehogarlas hasta que pierdan el color rojo.
- Añadir las setas, previamente troceadas, y dejar unos minutos al fuego, hasta que todo esté en su punto. Salpimentar y reservar.
- Retirar el film transparente de la carne y cortarla en cuatro porciones. Dorarlas en una sartén y meterlas un rato en el horno. Servir acompañado de la salsa y las mollejas.

tatas estilo Puente Viesgo

Truchas con cebolla

PARA 4 PERSONAS
DIFICULTAD: MEDIA
TIEMPO: 30 MINUTOS

Ingredientes:

4 truchas
500 g de cebollas
100 ml de aceite de oliva
100 ml de agua
50 g de manteca de cerdo
1 cucharada de vinagre
3 ramitas de perejil
pimienta
sal

Preparación:

- Limpiar las truchas y reservar.
- Majar en el mortero el perejil con una cucharada de aceite y un poco de sal y pimienta. Aclarar el majado con el agua y el vinagre. Reservar.
- Pelar las cebollas y picarlas muy finas.
- Calentar un poco de aceite en una sartén y sofreír la cebolla hasta que se dore ligeramente. Apartar del fuego y reservar.
- Derretir en otra sartén la manteca de cerdo y freír las truchas sin dejar que se hagan demasiado. Retirarlas del fuego y colocarlas en una cazuela.
- Echar sobre las truchas la cebolla reservada y agregar la mezcla del mortero.
- Poner la cazuela a fuego medio y dejar cocer hasta que el pescado esté hecho y la salsa se haya reducido.
- Retirar del fuego y servir caliente.

Cabrito pasiego al horno

PARA 4 PERSONAS
DIFICULTAD: MEDIA
TIEMPO: 2 HORAS (MÁS EL TIEMPO DE MACERACIÓN)

Ingredientes:

1,5 kg de cabrito
1 cebolla
½ botella de vino blanco seco
1 cucharadita de pimienta negra en grano
2 hojas de laurel
1 cabeza de ajo
la piel de ½ limón
romero
tomillo
sal

Preparación:

- Poner la carne en una bolsa de plástico con el vino, la cebolla cortada en rodajas, las hojas de laurel, los granos de pimienta, los dientes de ajo sin pelar, la piel de limón cortada en trozos y unas ramitas del romero y tomillo. Cerrar la bolsa y dejar macerar durante 5 horas.
- Precalentar el horno a 150 °C.
- Abrir la bolsa sobre una bandeja de horno y verter el líquido. Colocar el cabrito sobre una rejilla que ha de ir a su vez puesta sobre la bandeja, de forma que la carne no toque el líquido.
- Repartir sobre la carne los dientes de ajo picados, el romero y el tomillo. Añadir sal al gusto y tapar con papel de aluminio. Introducir todo en el horno y asar lentamente durante 1 hora y 30 minutos.
- A continuación, retirar el papel de aluminio y aumentar la temperatura del horno a 200 °C.
- Regar la carne con los jugos de la bandeja inferior y dejar que se siga asando.
- Cuando la carne esté sonrosada, poner el grill para que se tueste la piel.
- Apagar el horno, colocar el cabrito en una fuente con los ajos, el romero y el tomillo y dejarlo dentro del horno para que no se enfríe.
- En un cazo aparte hervir lo que quede de jugo para reducirlo y echarlo en una salsera. Servir la carne y la salsa por separado.

uchas con cebolla

Callos a la cántabra

PARA 4 PERSONAS

DIFICULTAD: ALTA

TIEMPO: 3 HORAS Y 30 MINUTOS

Ingredientes:

1 kg de callos
1 punta de jamón de 75 g
75 g de chorizo
1 ½ pimientos choriceros
1 mano de cerdo
1 cebolla
1 limón
50 ml de aceite
50 ml de vinagre
1 ½ cucharadas de harina
1 ½ cucharadas de salsa de tomate
½ cucharadita de pimentón
1 hoja de laurel
½ guindilla
sal

Preparación:

- Pelar y picar la cebolla. Cortar la guindilla en rodajitas. Trocear el jamón y el chorizo en dados. Reservar todo.
- Lavar los callos en varias aguas y hervirlos durante 5 minutos con el limón y el vinagre. Después, escurrirlos y cortarlos en dados.
- Trocear la mano de cerdo y echarla en una olla junto con los callos, una pizca de sal, la hoja de laurel y los pimientos choriceros.
- Dejar cocer 3 horas a fuego moderado, hasta que la carne esté tierna y el caldo se haya reducido. Cuando los pimientos choriceros estén cocidos, sacarlos, quitarles la piel y reservar la pulpa.
- Mientras tanto, calentar el aceite en una sartén y freír la cebolla picada.
- Cuando esté tierna, añadir la harina, el pimentón y la salsa de tomate. Sofreír 5 minutos y agregar el jamón y el chorizo.
- Verter en la sartén medio vasito del caldo de cocer los callos, sazonar con sal, agregar la guindilla y remover la salsa con una cuchara de madera a fuego suave.
- Verter la salsa sobre los callos y cocer 20 minutos más, hasta que esté todo bien hecho.
- Añadir la pulpa de los pimientos choriceros, remover y servir muy caliente.

Lomo de cerdo con leche

PARA 4 PERSONAS
DIFICULTAD: MEDIA
TIEMPO: 1 HORA

Ingredientes:

600 g de lomo de cerdo en un trozo
1 cebolla
50 g de almendras tostadas
50 g de manteca de cerdo
1 copita de jerez seco
300 ml de leche
pimienta
sal

Preparación:

- Cortar el trozo de lomo en lonchas sin llegar al final, como si se tratara de un libro.
- Entre loncha y loncha, sazonar con sal y pimienta y poner una capa de almendras picaditas.
- A continuación, atar el lomo con un hilo de bramante fino, para que no se salga el relleno, y salpimentarlo.
- Derretir la manteca de cerdo en una cazuela y dorar el lomo por todos los lados.
- A continuación, rociarlo con el jerez y añadir la cebolla picada fina.
- Cuando la cebolla empiece a tomar color, verter la leche sobre el lomo, tapar la cazuela y dejar cocer a fuego lento. Remover a menudo y darle la vuelta a la carne.
- Cuando el lomo esté tierno, desatarlo y dejarlo enfriar.
- Cortar el lomo en lonchas y servirlo en su misma salsa, que debe quedar como una crema.

Una preciosa cascada marca el nacimiento del río Asón.

La comarca de Asón-Agüera

La comarca de Asón-Agüera se está especializando en el turismo rural y de aventura debido al alto valor ecológico de sus enclaves. En ella se encuentran zonas conocidas por su riqueza geológica, lo que hace que a estos parajes lleguen fundamentalmente personas interesadas por la espeleología, dada la abundancia de cuevas. En este territorio y en su subsuelo se encuentran algunas de las cuevas más largas de Europa.

En esta comarca están los montes de Valnera, la sierra del Hornijo y los montes de Cañoneras, con algunos de los relieves más impresionantes de toda Cantabria. Un buen ejemplo es la espectacular cascada en la que nace el río Asón.

Además de la zona de rocas, en Asón-Agüera abundan los bosques de hayas y de encinas; es más, podemos decir que los encinares de esta comarca son de los mejor conservados de Cantabria, sin olvidar que es esta también una zona altamente indicada para la práctica de la pesca fluvial.

En cuanto a arquitectura de carácter religioso, se puede visitar en la zona el santuario de Nuestra Señora de la Bien Aparecida, patrona de Cantabria, en el pueblo de Hoz de Marrón. Cuenta la leyenda que su imagen se apareció a unos niños pastores en agosto de 1605. El día 15 de septiembre se celebra su festividad y es tradición subir hasta el santuario a pie, recorriendo los quince pasos que representan la Pasión de Cristo a lo largo de casi 5 km de ascenso. En este lugar se celebra además un importante mercadillo. Ha sido declarada Fiesta de Interés Turístico Regional.

Son municipios muy interesantes para visitar los de Ampuero, Ramales de la Victoria y Arredondo, que conservan una estética muy cercana a las épocas del pasado cántabro más próspero.

Asón-Agüera es tierra de salmón.

La ría de Limpias es una excelente piscina natural.

Al igual que sucede en el resto de las comarcas cántabras, la gastronomía es uno de los valores en alza en la de Asón-Agüero. Al ser zona de pesca fluvial, los salmones resultan un plato obligado en las mesas, especialmente en las de Arredondo y Ramales de la Victoria. En cualquier caso, la gastronomía tradicional no deja de estar basada en las carnes de animales de pasto o caza, con fabulosos guisos de cordero y cabrito de la zona de Asón, Rocías y Alisas.

En Ruesga el viajero puede degustar la sabrosa carne de jabalí, en guiso o ragú, y mucho mejor si la acompaña de caricos, alubias rojas de la zona. El área de Guriezo es una de las pocas de Cantabria donde han sobrevivido los campos llenos de manzanos para la elaboración de sidra. Al igual que sucede en otras regiones cántabras, aquí también abundan dos plantas: el antojil o helecho real, cuyo extracto se toma con vino blanco, y el té del puerto, que sirve para soldar huesos y que también se da en Liébana.

En Limpias, además de visitar su famoso santuario, el viajero puede pararse a degustar su típico chocolate con picatostes. Otros dulces de esta zona, concretamente en Soba, son las tostadas, nombre con el que se conoce a las torrijas típicas de allí, un plato sencillo de preparar con trozos de pan remojados en leche y huevo batido que se fríen en aceite y después se rebozan con miel o azúcar. En Soba se elaboran además otros postres sencillos y caseros, como el arroz con leche, la leche frita o las castañas peladas y cocidas en leche azucarada.

Antojil o helecho real

Famosos en esta comarca son los huevos de Rasines. De ellos se cuenta una anécdota que sucedió cuando Carlos V pasó por allí alrededor del año 1522. Se dice que, yendo camino de Burgos, el rey paró en Rasines y le sirvieron unos huevos. Cuando fue a pagar, la posadera le pidió un duro por cada uno; al monarca le extrañó el precio y así se lo dijo. La posadera, muy resuelta, le respondió que los huevos abundaban, pero los reyes no tanto.

En Ampuero el viajero debe catar sin duda el queso Las Garmillas, en cualquiera de sus dos variedades, fresco y curado. Las alubias son también un plato muy renombrado, así como la olla ampuerense. Y nada más digestivo de postre que el anís de Udalla. En este municipio tienen lugar, además, las Jornadas de la Caza Mayor y Menor (noviembre-febrero) y las Jornadas de la Angula (enero-marzo).

Para regar cualquiera de los suculentos platos que se preparan en la comarca de Asón-Agüera se puede pedir un vino verde, típico de Valle de Villaverde (enclave cántabro en la provincia de Vizcaya); se trata de un vino joven, blanco y ligeramente espumoso habitual en los valles de los ríos Asón y Agüera.

La belleza del valle del Asón se manifiesta en todas las épocas del año.

Truchas con tocino

PARA 4 PERSONAS
DIFICULTAD: BAJA
TIEMPO: 40 MINUTOS

Ingredientes:

4 filetes de trucha
4 tomates rojos
60 g de tocino entreverado
4 ramitas de tomillo
4 ramitas de perejil
4 ramitas de orégano fresco
2 dientes de ajo
aceite de oliva
½ cucharadita de azúcar
sal

Preparación:

- Limpiar bien los filetes de trucha y salarlos al gusto.
- Pelar los dientes de ajo, laminarlos y freírlos a fuego lento en una sartén con aceite. Cuando estén dorados, retirarlos de la sartén y reservar.
- En el mismo aceite, freír los filetes de trucha hasta que estén dorados por ambos lados. Reservarlos calientes.
- Escaldar los tomates, pelarlos y cortarlos en cuartos; quitarles las semillas y rehogarlos en una sartén con un poco de aceite y el azúcar. Retirarlos de la sartén cuando estén en su punto, pero sin que se deshagan.
- En otra sartén con una cucharada de aceite, freír el tocino cortado en dados pequeños hasta que estén crujientes.
- Poner en cada plato una base de tomate, disponer encima un filete de trucha, repartir por encima el tocino y los ajos, y decorar con las hierbas aromáticas al gusto.

Liebre a la cazadora

PARA 4 PERSONAS
DIFICULTAD: MEDIA
TIEMPO: 2 HORAS

Ingredientes:

1 liebre
500 ml de vino blanco
1 kg de patatas
500 ml de caldo de verduras
2 cebollas
4 dientes de ajo
2 tomates
1 pimiento rojo
2 hojas de laurel
1 ramita de tomillo
1 ramita de romero
1 ramita de perejil
1 cucharada de pimentón dulce
pan rallado
1 guindilla
aceite de oliva
una hebras de azafrán
pimienta
sal

Preparación:

- Limpiar y trocear la liebre. Separar el hígado y los riñones.
- A continuación, en una cazuela con aceite sofreír los trozos de liebre.
- Añadir el pimiento limpio y troceado, dos dientes de ajo pelados y picados, una cebolla también pelada y picada, los tomates pelados y rallados, y las hojas de laurel.
- Rehogar todo bien y añadir el pimentón.
- Después cubrir todo con el caldo de verduras y el vino, y dejar cocer durante 1 hora.
- Sofreír en una sartén aparte el hígado y los riñones con el perejil picado y un diente de ajo. Cuando esté todo hecho, pasarlo por la picadora junto con un poco de pan rallado y el azafrán, hasta que se forme una masa.
- Añadir esta mezcla a la cazuela de la liebre, remover y dejar cocer 20 minutos más o hasta que la salsa se ligue y la carne esté tierna.
- En una sartén aparte con un poco de aceite, sofreír la otra cebolla y el diente de ajo restante pelado y laminado junto con la guindilla. Retirar todo con una espumadera y reservar.
- En el mismo aceite, freír las patatas cortadas en dados. Una vez hechas, escurrirlas de aceite y mezclarlas con el sofrito anterior. Agregar el tomillo, el romero, un poco de sal y pimienta.
- Cuando la carne esté en su punto, agregar las patatas a la cazuela y remover.
- Servir todo bien caliente.

chas con tocino

Morcilla pasiega con manzana

PARA 2 PERSONAS
DIFICULTAD: BAJA
TIEMPO: 25 MINUTOS

Ingredientes:

300 g de morcilla
1 manzana
1 vaina de vainilla

Preparación:

- Pelar y picar la manzana.
- Poner a cocer la manzana con la vaina de vainilla durante unos 15 minutos.
- Retirar la vainilla y pasar la manzana por la batidora para hacer un puré fino.
- Cocinar la morcilla a la plancha o en una sartén con muy poco aceite.
- Poner el puré de base y servir encima la morcilla.

Salmón al estilo de Limpias

PARA 4 PERSONAS

DIFICULTAD: BAJA

TIEMPO: 50 MINUTOS

Ingredientes:

4 rodajas de salmón de unos 150 g cada una
4 lonchas finas de jamón
1 diente de ajo
100 g de pan rallado
el zumo de 1 limón
1 manojo de perejil
aceite
pimienta blanca
sal

Preparación:

- Lavar las rodajas de salmón y pasarles un trapo húmedo. Salpimentarlas y rociarlas con la mitad del zumo de limón.
- Colocarlas en una fuente un poco honda, regarlas con un poco de aceite y dejarlas macerar unos 20 minutos.
- En un cuenco, mezclar el pan rallado con el jamón cortado muy finito y el diente de ajo y el perejil muy picaditos.
- Rebozar las rodajas de pescado con esta mezcla y dejarlas reposar otros 20 minutos.
- Seguidamente, hacer el pescado en una parrilla a fuego vivo durante 2 o 3 minutos por cada lado.
- Disponer el salmón en una fuente, rociarlo con el zumo de limón restante y servir.

El mirador del Balcón de la Cardosa ofrece una espectacular vista panorámica del parque natural.

La comarca de Besaya

La comarca de Besaya se sitúa dentro del Parque Natural Saja-Besaya. La frondosidad del paisaje nos habla de una gran extensión poblada por castaños, de ahí que su fruto sea una de las delicias de su gastronomía. Por eso en esta comarca son muy populares las conocidas como «magostas», fiestas en las que se asan y se comen castañas, especialmente en las poblaciones del valle de Buelna, como Los Corrales, Barros, Somahoz o Coo.

En las fiestas que se celebran el 7 de noviembre cada año, además de la magosta las mujeres del pueblo preparan un delicioso dulce típico: las carboneras, elaboradas a base de chocolate, castañas y otros productos y que tienen, claro, forma de carbón.

Históricamente, la comarca de Besaya es conocida por sus múltiples vestigios arqueológicos, algo que demuestran las pinturas rupestres de Altamira y Puente Viesgo, muy cercanas al valle del río Besaya. Restos anteriores a la romanización y muy interesantes para su visita son, por ejemplo, las cuevas prehistóricas de Hornos de la Peña, que han sido reconocidas como Patrimonio de la Humanidad. En estas cuevas llaman poderosamente la atención las figuras de tamaño grande y concepción naturalista realizadas principalmente con la técnica del grabado. Aparecen caballos, bisontes, cabras, ciervos, etc., ejecutados con gran detalle (crineras, pelaje, ojos, boca, etc.), lo que supone un amplio conocimiento de anatomía animal. Además de los animales, destaca un motivo antropomorfo con un brazo levantado y una larga cola. Esta mezcla humano-animal recuerda a figuras de otras cuevas, como las de Altamira. También resulta interesante visitar en esta comarca la estela cántabra de Barros, una monumental piedra labrada con forma circular y cuyo uso parece que fue funerario. Declarada Bien de Interés Cultural en 1985, se cree que señalaba la tumba de un guerrero de finales de la Edad del Bronce o principios de la Edad del Hierro, antes de ser trasladada de su emplazamiento original. Está situada en el Parque de las Estelas de Barros, inaugurado en 2001 junto a la carretera nacional 611, donde se puede visitar gratuitamente junto con otras estelas cántabras sacadas de la ermita adyacente.

La estela de Barros

Pero los vestigios históricos de esta comarca no se limitan a la prehistoria, ya que en la zona estuvieron también durante el siglo I los romanos. Una prueba de ello es la calzada que trazaron. A través de ella no solo se comunicaban las legiones en sus idas y venidas a la capital, sino que además servía para el transporte de mercancías al imperio, especialmente aquellas que se encontraban en los yacimientos de minerales, en los que la tierra cántabra era especialmente rica.

Entre las obras de carácter civil cabe destacar las del pueblo de Cartes, donde Benito Pérez Galdós situó la historia de su novela *Marianela*. Se encuentra a la orilla del Besaya y, aunque está estructurado solo en torno a una calle —el an-

Algunas calles de Cartes están bordeadas de una gran variedad de plantas.

Besaya es un verdadero paraíso para los aficionados a la fotografía de la naturaleza.

tiguo camino real que unía Reinosa con la costa—, llama la atención la majestuosidad de las casonas y casas de los siglos XVII y XVIII con sus escudos labrados, así como la iglesia parroquial, de principios del XIX, adosada de forma muy peculiar a dos viviendas.

También es interesante en la zona visitar Riocorvo, con su paisaje típicamente montañés, o la iglesia de Santa María de Yermo, un antiguo monasterio documentado desde el siglo IX. Su iglesia fue declarada Monumento del Tesoro Artístico Nacional y posteriormente pasó a ser considerada Bien de Interés Cultural.

Desde el punto de vista turístico, esta zona también cuenta con un territorio dedicado a las aguas termales y con propiedades terapéuticas. En Las Caldas de Besaya está enclavado un balneario con aguas mineromedicinales.

En cuanto al comercio, a lo largo de su historia se ha visto enormemente favorecido por el Camino de Santiago. La actual carretera hacia Palencia sigue el trazado de las rutas que utilizaron los peregrinos para acceder al Camino de Santiago desde Santillana del Mar; a partir de este itinerario se crearía la Ruta de la Lana y el Trigo de Castilla hacia Europa.

El viajero cansado merece un estancia en un balneario.

Torrelavega es la capital de la comarca y en torno a ella se desarrollan el comercio, la industria y la administración. Es además el mayor núcleo de población de la comarca de Besaya, junto con Los Corrales de Buelna.

Gastronómicamente hablando, cada uno de sus municipios cuenta con sus creaciones típicas, dulces o saladas. En el caso de Torrelavega tienen fama las polkas, de hojaldre y glasa real. Y uno de los productos más representativos de Los Corrales de Buelna son las estelucas, un dulce hecho a base de harina de trigo, harina de almendra y huevos, relleno de una deliciosa pasta de almendra y cacao, decorado con una estela de Cantabria de chocolate, todo ello espolvoreado con azúcar en grano.

Si el viajero es aficionado al dulce, es importante que se dé también una vuelta por Molledo, porque su especialidad es la producción de miel y sus derivados, tales como la jalea real o el orujo con miel.

Se puede acompañar esta miel con las diferentes variedades de frutos secos que se dan en la comarca de Besaya. Así, el viajero no se puede ir de Anievas sin probar las nueces, en concreto las de Barriopalacio, donde existe una importante plantación de nogales. La recolección se realiza desde finales de septiembre hasta finales de octubre; es durante el

Los restaurantes de la costa salvaje de Suances ofrecen el mejor marisco.

Las avellanas abundan en Cieza y San Felices de Buelna.

periodo navideño, por lo general, cuando más suele aumentar el consumo.

En Cieza y en San Felices de Buelna son protagonistas las avellanas, por la gran abundancia de avellanales en esta zona de la comarca, sobre todo en el monte Tejas. La recogida de avellanas es una práctica muy habitual a partir del mes de octubre entre el vecindario del municipio y las gentes que vienen de otros pueblos. Como en otros municipios de Cantabria, en Cieza es frecuente también la recogida de castañas, dada la existencia de un gran número de castaños en los bosques que lo rodean.

La fruta por excelencia en Cartes son las cerezas: nada más hermoso que el espectáculo de ver los cerezos en flor al llegar la primavera. Su calidad y abundancia es propia de los pueblos altos del municipio, como son Cohicillos y Mercadal.

Y si el viajero piensa en mesa y mantel, en Arenas de Iguña podrá disfrutar del mejor venado asado; no hay que olvidar que nos encontramos en plena Reserva Nacional de Caza del Saja, lo que asegura una buena provisión de especies, entre las que se encuentra este cérvido.

También el pescado es habitual en las mesas de la comarca; por ejemplo, en Bárcena de Pie de Concha se puede disfrutar de unas magníficas truchas. Aquí la pesca de río es una práctica muy habitual. Se pueden acompañar con la sabrosa borona, un pan de maíz que goza de gran tradición en Cantabria, especialmente en este municipio; tanto es así, que todavía es posible visitar un antiguo molino maquilero en funcionamiento en donde se puede ver cómo se lleva a cabo la panificación de maíz.

La comarca de Besaya tiene fama por sus platos de caza.

Si lo que le gusta al viajero es el marisco, en primavera se celebran desde mediados de la década de 1990 las Jornadas del Marisco en Suances. Los visitantes pueden disfrutar durante esos días de diferentes tipos de marisco (langostas, cigalas, centollos, langostinos, cangrejos, maseras...) en los distintos restaurantes de la zona.

Para los amantes de la cuchara es obligatoria una parada en Polanco, donde preparan un delicioso potaje de legumbres a base de lentejas, alubias o garbanzos, una de las especialidades de la cocina casera regional.

Costillar de cerdo con castañas

PARA 4 PERSONAS
DIFICULTAD: MEDIA
TIEMPO: 2 HORAS

Ingredientes:

1,5 kg de costillar de cerdo
750 g de castañas
caldo de pollo
1 ramita de tomillo
2 hojas de laurel
aceite de oliva
pimienta
sal

Preparación:

- Preparar un adobo con cuatro cucharadas de aceite de oliva, media cucharada de sal, una pizca de pimienta molida, las hojas de laurel troceadas y el tomillo picado en trozos.
- Una vez listo, untar bien el costillar con el adobo y colocarlo en una bandeja de horno previamente engrasada. Asarlo en el horno precalentado a 180 °C durante 1 hora y 30 minutos. Dar la vuelta al costillar de vez en cuando y regarlo continuamente con su propio jugo y el caldo de pollo para que se dore por todos los lados y no se seque.
- Mientras tanto, pelar las castañas y cocerlas en agua con sal 30 minutos.
- Una vez cocidas las castañas, pelarlas, quitarles bien la pielecilla fina y saltearlas en aceite de oliva.
- Cuando el costillar esté bien asado, sacarlo del horno y colocarlo en una fuente grande; regarlo con el jugo que quede en la bandeja. Acompañar la carne con las castañas bien escurridas de aceite.

Pollo con ciruelas

PARA 4 PERSONAS
DIFICULTAD: MEDIA
TIEMPO: 50 MINUTOS (MÁS EL TIEMPO DE REPOSO)

Ingredientes:

4 muslos de pollo grandes
150 g de harina
100 g de ciruelas pasas
½ cebolla
el zumo de 1 limón
100 ml de aceite
300 ml de vino tinto
pimienta blanca
sal

Preparación:

- Pelar y picar la cebolla.
- Macerar durante 15 minutos los muslos con el zumo de limón y un poco de sal.
- Calentar el aceite en una cazuela grande y freír los muslos de pollo previamente enharinados.
- Cuando estén bien dorados, añadir la cebolla picada y rehogarlo todo a fuego suave hasta que la cebolla esté transparente.
- Verter 200 ml vino, tapar la cazuela y dejar cocer 30 minutos a fuego lento. Añadir un chorrito de agua durante la cocción y mover la cazuela.
- Mientras tanto, hervir el resto del vino en un cazo, agregar las ciruelas y dejarlas en remojo 30 minutos.
- Cuando el pollo esté cocido, escurrir las ciruelas y agregarlas a la cazuela. Salpimentar y remover. Cocer unos minutos más y retirar del fuego. Servir muy caliente.

stillar de cerdo con castañas

Cerdo asado con puré de manzana

PARA 4 PERSONAS
DIFICULTAD: MEDIA
TIEMPO: 1 HORA Y 50 MINUTOS

Ingredientes:

750 g de carne de cerdo en un trozo
100 g de manteca de cerdo
3 manzanas reineta
100 ml de vino blanco
1 cucharada de brandy
pimienta blanca
aceite
sal

Preparación:

- Pelar las manzanas, trocearlas y quitarles las pepitas; reservar.
- Sazonar la carne con sal y pimienta blanca y atarla con hilo de bramante.
- Untar con manteca una fuente para horno, colocar en ella la carne y rociarla con el aceite.
- Asar la carne en el horno precalentado a 200 °C hasta que se dore. Rociarla de vez en cuando con unas cucharadas de su propio jugo.
- Cuando la carne esté bien dorada, sacar un momento la fuente del horno y rociar la carne con el vino blanco.
- Continuar asando la carne en el horno hasta que esté muy tierna. Quitarle el hilo y reservarla en una fuente plana.
- Mientras, calentar dos cucharadas de manteca en una sartén. Añadir los trocitos de manzana y el brandy.
- Remover con una cuchara de madera y dejar cocer a fuego moderado hasta que la manzana esté blanda.
- Pasar la manzana cocida por el pasapurés y reservar.
- Cortar la carne templada en lonchas de 1 cm de grosor, decorar con el puré de manzana y servir.

Parrillada de pescado y marisco

PARA 4 PERSONAS
DIFICULTAD: MEDIA
TIEMPO: 30 MINUTOS

Ingredientes:

8 langostinos
8 cigalas
500 g de almejas
4 rodajas de merluza
el zumo de 1 limón
aceite de oliva
sal

Preparación:

- Poner las almejas en un recipiente con agua y sal para que suelten la tierra que pudieran tener.
- Lavar el pescado y sazonarlo con sal. Ponerlo en una fuente con un buen chorro de aceite crudo.
- Calentar la plancha a temperatura alta. Después, colocar el pescado y bajar la temperatura para que no se queme; marcarlo 5 minutos por cada lado.
- Retirar la merluza de la plancha y ponerla en una fuente; reservar en caliente.
- Abrir las cigalas por el centro, de la cabeza a la cola, para que queden enteras. Salarlas.
- Echar un chorro de aceite en la plancha y poner las cigalas abiertas por la parte que se ha cortado. Hacerlas 5 minutos y luego darles la vuelta. Regar las cigalas por encima con unas gotas de aceite y la mitad del zumo de limón; hacerlas 4 minutos más y pasarlas a la fuente.
- Poner en la plancha los langostinos y rociarlos con el zumo restante. Hacerlos 3 o 4 minutos y darles la vuelta. Retirarlos de la plancha y ponerlos en la fuente.
- Escurrir las almejas y abrirlas al vapor.
- Cuando estén abiertas, colocarlas en la fuente y servir todo calentito.

Las aguas cristalinas de la costa de la comarca de Trasmiera seducirán a los amantes de la pesca submarina.

La comarca de Trasmiera

El litoral de la comarca de Trasmiera se caracteriza por la belleza de sus costas y playas, así como por lo abrupto de muchos de sus acantilados.

Desde el cabo Quejo y hasta la ría de Treto se puede disfrutar del sol y de la arena en diversas playas, como las de Somo, Loredo, Ajo, Isla, Noja, Berria y San Martín.

Su localización costera convierte a muchos pueblos de la zona en referentes de la pesca, especialmente aquellos que se dedican a la captura y la salazón de mariscos y pescados, como es el caso de Santoña, donde disponen de una gran flota pesquera y de un abultado grupo de factorías dedicadas a la salazón.

La relación de esta comarca con el mar la hace ideal para la visita de dos grandes faros situados en el monte Buciero, una extensa formación de roca cubierta de encinas. Se trata de los faros del Caballo y del Pescador.

Lo estratégico de la situación de este peñón hizo que se construyeran en sus flancos tres fuertes: el de San Martín, el de San Carlos y el de Napoleón o del Mazo. En Trasmiera se encuentran lugares muy interesantes para visitar, como la villa de Liérganes, cuya parte antigua ha sido declarada Conjunto Histórico Artístico. Allí el viajero encontrará diversas casas nobles, que son una buena muestra de la arquitectura civil montañesa, así como una extensa colección de árboles en el jardín de su famoso balneario.

Fachada de una casa de Liérganes

Los abruptos acantilados con sus faros forman fascinantes siluetas.

Otras casas interesantes para visitar en esta comarca son las de Rubalcaba, en el municipio de Liérganes, y el palacio de Elsedo, en Pámanes, este último con una magnífica colección de pinturas de autores cántabros como Riancho o Cossío. Existen numerosos monumentos religiosos que cabe destacar, como la iglesia de Santa María del Puerto, en Santoña, que data del siglo XIV, o la de Santa María, en Bareyo, cuyo magnífico ábside con doble arquería superpuesta representa el ejemplo más singular del románico montañés de Cantabria.

Antes de buscar restaurante se puede disfrutar de un paseo por la playa de Somo.

Las almejas y los mejillones son solo una parte de los manjares de Trasmiera.

El puerto de Santoña ofrece un colorido espectáculo de barcos pesqueros que van y vienen.

Para los amantes de la naturaleza, una buena opción es dar un paseo por la Reserva Natural de las Marismas de Santoña, situada en la desembocadura del río Asón. A esta zona de abundante población avícola muchos visitantes se acercan con la finalidad de observar las aves migratorias, que se presentan aquí en distintas épocas del año.

Si el viajero va en busca de balnearios y turismo relacionado con la salud, debe hacer una parada para tomarse un vaso del agua mineromedicinal del manantial de Fuencaliente, en Solares.

El hecho de situarse en zona costera hace que en la gastronomía de esta comarca sean los productos del mar los que se consuman en abundancia por su gran frescura. Las almejas o amayuelas, cocidas en la sartén, con poco aceite, ajo machacado y perejil, o rellenas o también acompañadas de alubias cocidas son un manjar del que se puede disfrutar en Argoños. En esta villa también son famosas las navajas o muergos, ingrediente de otra suculenta receta local que los combina con arroz. Este sencillo plato se obtiene cociendo ambos ingredientes con ajo, pimiento verde, tomate frito y vino blanco.

Otros municipios ideales para probar sus ricas almejas son Bárcena de Cicero, Marina de Cudeyo o Voto, donde la marisma de Rada proporciona excelentes materias primas a la cocina. Allí las almejas se combinan con los caricos o alubias rojas de Solares, típicas de Medio Cudeyo, que son una variedad de alubia roja de pequeño tamaño pero exquisita textura. Se preparan con pimiento verde y se les añade un sofrito de ajo majado con pimentón.

Continuando con el marisco, la langosta es también protagonista en la cocina de Trasmiera, comarca de los langosteros de Isla, que se cuentan entre los más populares de la región. Asada, a la parrilla o cocida, la langosta es uno de los platos más solicitados por los visitantes de Arnuero. Isla también es zona de tomates y exquisitos pimientos.

El viajero puede degustar un rico plato de nécoras en Noja y unos suculentos percebes en Ribamontán al Mar. Y si el marisco le gusta más en paella, puede probarla en Bareyo, pues los numerosos restaurantes de la localidad gozan de una merecida fama gracias al arroz cocinado con gambas, mejillones, gambas, langostinos, calamares y otros productos de la mar que llegan de su costa cantábrica.

Como decíamos, una de las especialidades de Cantabria son las salazones, entre las cuales destacan sin duda las anchoas. Su método de elaboración fue introducido a fi-

No puede faltar un arroz con mariscos.

nales del siglo XIX por inmigrantes italianos. En Santoña se puede disfrutar de las más deliciosas.

Aunque resulte curioso, a lo largo de los años el bacalao ha pasado de ser considerado comida de pobres a gozar en la actualidad de una envidiable «posición social». En Entrambasaguas se pueden degustar excelentes platos de bacalao al estilo de Cantabria, es decir, con cebolla, ajo, laurel, perejil, limón y vino blanco. También son especialidad de este municipio las mollejas a la trasmerana.

Las carnes de Trasmiera y sus verduras son más propias de la zona interior; así, en Hazas de Cesto tienen especial importancia las recetas cocinadas con productos de las huertas y con la carne del ganado alimentado en la zona. Entre los platos más afamados se cuentan el pastel de calabacín y el rabo de buey.

Escalante tiene fama por cualquiera de sus platos cocinados sobre una base de mariscos y pescados capturados en la marisma y en la costa cantábrica cercana, pero también por las hermosas coliflores que crecen en sus huertas; preparada con besamel y gratinada, la coliflor es uno de los platos que se pueden disfrutar en las mesas de Escalante.

Si el viajero desea algo ligerito para poner sobre el mantel, Miera es el municipio que le interesa, ya que las verduras de sus huertas sobresalen por su calidad y sabor, especialmente sus berros, uno de los productos más típicos de esta zona, que se sirven en ensalada con patatas cocidas, mayonesa y nueces. Destacan también las alubias rojas a la montañesa, cocinadas a fuego lento con cebolla, ajo y un sofrito a base de harina y pimentón.

Berros de Miera

Para los meses de más frío o para acompañar las carnes cántabras hay que degustar el pisto típico de Solórzano; en él se usan calabacín, pimiento verde y tomates, se le añaden huevos y se sazona con pimienta y sal. También se puede agregar berenjena y utilizar otros aromas como albahaca, ajo, estragón o tomillo para enriquecerlo.

Para los postres hemos pensado en Liérganes, con sus sacristanes o corazones, elaborados con harina, mantequilla, sal y azúcar. Aunque en Liérganes es también típico el chocolate con churros, que se sirve en casi todos los bares y cafeterías. En Meruelo la especialidad es la leche frita y en Ribamontán al Monte, el flan de leche, tan típico y tan sabroso gracias a la leche cántabra de alta calidad. Una rica torrija de miel de Riotuerto también puede alegrar cualquier sobremesa.

Verdes montes y ricos manjares nos esperan en el municipio de Riotuerto.

Cazuelitas de pescado y gambas

PARA 4 PERSONAS
DIFICULTAD: MEDIA
TIEMPO: 55 MINUTOS

Ingredientes:

150 g de merluza
150 g de rape
150 g de pan rallado
100 g de gambas
30 g de mantequilla
1 cebolla
50 ml de aceite de oliva
½ vasito de vino blanco
200 ml de leche
3 cucharadas de harina
pimienta blanca
sal

Preparación:

- Limpiar y pelar las gambas; reservar. Hervir 1,5 l de agua en una cazuela con un poco de sal, la cebolla pelada y cortada por la mitad, y el vino blanco.
- Cocer la merluza y el rape en el agua hirviendo; cuando los pescados estén cocidos, escurrirlos, quitarles las espinas y desmenuzarlos.
- Calentar una cucharada de aceite y la mantequilla en un cazo a fuego suave.
- A continuación, calentar ligeramente la leche. Añadir la harina y la leche poco a poco, y remover constantemente con una cuchara de madera hasta formar una salsa ligera.
- Cocer durante 5 minutos a fuego suave y sazonar con sal y pimienta blanca.
- Añadir a la salsa el pescado desmenuzado y remover.
- Repartir la mezcla en cazuelitas de barro individuales.
- Espolvorearlas con pan rallado y decorarlas con las gambas reservadas.
- Introducir las cazuelitas en el horno precalentado a 170 °C durante 15 minutos o hasta que se dore el pan rallado. Retirar del horno y servir caliente.

Calamares con habas

PARA 4 PERSONAS
DIFICULTAD: MEDIA
TIEMPO: 1 HORA Y 30 MINUTOS

Ingredientes:

1 kg de calamares
500 g de habas finas frescas
4 dientes de ajo
1 cebolla grande
4 rebanaditas de pan
1 cucharada de perejil picado
2 cucharaditas de vinagre
1 cucharadita de pimentón
1 pizca de comino
100 ml de aceite de oliva
sal

Preparación:

- Limpiar y lavar los calamares; cortarlos en rodajas.
- Poner al fuego una sartén con aceite y freír los dientes de ajo pelados y picados.
- Cuando estén fritos, retirarlos de la sartén y reservar.
- Dorar el pan en el mismo aceite y reservar.
- Pelar la cebolla, picarla muy fina y rehogarla en una cazuela con un poco de aceite hasta que esté dorada.
- Añadir a la cazuela el pimentón junto con los calamares y cocer 2 o 3 minutos.
- Agregar agua y cocer 30 minutos aproximadamente.
- Mientras tanto, majar en el mortero el perejil, el comino, los ajos fritos y el pan reservado. Incorporar el vinagre y una cucharada de agua, y mezclar hasta conseguir una pasta homogénea; reservar.
- Agregar las habas a la cazuela de los calamares y después añadir la mezcla del mortero. Salar y dejar cocer todo 30 minutos más.
- Cuando los calamares estén tiernos, retirar la cazuela del fuego y dejarlos reposar unos minutos antes de servir.

zuelita de pescado
ambas

Coliflor con queso

PARA 4 PERSONAS

DIFICULTAD: MEDIA

TIEMPO: 1 HORA

Ingredientes:

1 coliflor de 1,5 kg
150 g de queso de Tresviso
½ cebolla
1 manzana reineta
mantequilla
pimienta
sal

Para la besamel:
75 g de harina
30 g de mantequilla
250 ml de leche
nuez moscada

Preparación:

- Limpiar la coliflor, cortarla en ramitos y ponerla a cocer en una olla con agua y un poco de sal. Una vez cocida, escurrir y reservar.
- Para elaborar la besamel, tamizar la harina antes de usarla a fin de que no se formen grumos. Poner a calentar la leche en un cazo.
- En una sartén, fundir la mantequilla a fuego muy lento para que no se queme. Cuando esté derretida, añadir la harina y dejar cocer sin dejar de remover con una espátula de madera o unas varillas hasta que la mezcla se desprenda de las paredes. Cuando la leche esté hirviendo, añadirla a la sartén, sazonar con sal y nuez moscada, y remover constantemente unos minutos hasta que la besamel se espese y no tenga grumos. Retirar del fuego y reservar.
- Fundir en una sartén un poco de mantequilla, con cuidado de que no se queme, y rehogar la cebolla picada muy fina y la manzana rallada. Cuando el sofrito esté en su punto, agregar la besamel y mezclar bien.
- Añadir a la mezcla el queso de Tresviso en trocitos, mover sobre el fuego para que se deshaga por completo y salpimentar.
- Disponer la coliflor en una fuente de horno engrasada, verter por encima la salsa y gratinar hasta que la superficie esté dorada. Retirar del horno y servir.

Alubias rojas estofadas

PARA 4 PERSONAS

DIFICULTAD: MEDIA

TIEMPO: 1 HORA Y 30 MINUTOS (MÁS EL TIEMPO DE REMOJO)

Ingredientes:

250 g de alubias rojas
1 cebolla
2 dientes de ajo
1 hoja de laurel
1 cucharada de pimentón
20 g de harina
aceite de oliva
sal

Preparación:

- Dejar las alubias en remojo en agua fría durante al menos 12 horas.
- Escurrirlas y ponerlas en una cazuela cubiertas de nuevo con agua fría; añadir la cebolla pelada y cortada en trozos, los dientes de ajo pelados y la hoja de laurel. Regar con un buen chorro de aceite.
- Poner la cazuela al fuego y cuando empiece a hervir cortar la ebullición con un chorro de agua fría. Dejar que vuelva a hervir de nuevo y mantener a fuego lento, vigilando siempre que las alubias estén cubiertas de agua en todo momento. Si fuera necesario, añadir un chorro de agua fría. Retirar las alubias del fuego cuando estén en su punto.
- Dorar el pimentón y la harina en una sartén, añadir un poco de caldo de cocer las legumbres y verter la mezcla sobre las alubias. Sazonar con sal y dejar todo en el fuego unos minutos más para que cueza.
- Dejar reposar el guiso un rato, retirar el laurel y la cebolla, y servir.

Caricos de Cantabria con chorizo y jamón

PARA 4 PERSONAS

DIFICULTAD: MEDIA

TIEMPO: 1 HORA Y 30 MINUTOS (MÁS EL TIEMPO DE REMOJO)

Ingredientes:

500 g de caricos (alubias rojas de Cantabria)
1 cebolla
1 zanahoria
4 dientes de ajo
2 chorizos
200 g de jamón en un trozo
1 hoja de laurel
aceite de oliva
harina
pimentón
sal

Preparación:

- Lavar las alubias y dejarlas en remojo, en agua fría, junto con la cebolla, la zanahoria y dos dientes de ajo durante al menos 12 horas.
- Pasado este tiempo, cambiar el agua y poner la cazuela al fuego. Cuando rompa a hervir, cortar la ebullición con un chorro de agua fría. Repetir este proceso tres veces para que las alubias suelten la piel.
- A continuación, dejar que hiervan a fuego lento, siempre cubiertas de agua. Añadir más cantidad de agua si fuera necesario.
- Para remover el guiso, sacudir la cazuela, no usar utensilios, pues se rompería esta delicada legumbre.
- Añadir la hoja de laurel, el chorizo cortado en rodajas gruesas y el jamón cortado en tacos. Dejar que se hagan muy lentamente sin destapar la cazuela.
- Mientras tanto, en una sartén dorar los otros dos dientes de ajo y añadir un poco de harina y de pimentón. Ir echando poco a poco sobre esa mezcla parte del caldo de cocer los caricos hasta que espese un poco y verterlo de nuevo en la cazuela de las alubias.
- Salar y cocer unos minutos más. Dejar reposar durante unos minutos y retirar el laurel, la cebolla, la zanahoria y los dientes de ajo.
- Servir muy caliente.

Los productos de la tierra

Los viñedos de Señorío del Pas, situados en la bella comarca de Valles Pasiegos, producen vinos blancos de excelente calidad.

Los vinos de Cantabria

En Cantabria son dos las regiones que se dedican a la producción de vino: por un lado Liébana y por otro la que ha dado en llamarse Costa de Cantabria. Ambas poseen la etiqueta de productoras de vinos de calidad con indicación geográfica protegida, lo que garantiza que comercializan un vino producido y elaborado en una región, comarca, localidad o lugar determinado, usando uvas procedentes de las mismas tierras, cuya calidad, reputación y características se deben al medio geográfico, al factor humano o a ambos, en lo que se refiere a la producción de la uva, a la elaboración del vino o a su envejecimiento.

Costa de Cantabria

La indicación geográfica protegida Costa de Cantabria fue reglamentada en 2005 y comprende desde la parte costera atlántica hasta los primeros valles interiores, con cotas de unos 600 m. En esta franja se cultivan vinos tintos de uvas locales, como hondarrabi beltza y verdejo negro, y blancos con uvas albariño, chardonnay, godello, hondarrabi zuri, riesling y gewürztraminer; como mejorante se emplea la variedad treixadura, con un límite del 20%.

Los vinos IGP Costa de Cantabria tienen una moderada graduación alcohólica, que en términos generales no supera los 12°, y una acidez total del 6,5 g/l. Son además vinos con baja concentración en azúcar, con medias inferiores a 2 g/l, y un adecuado equilibrio entre alcohol y acidez.

Liébana

En el caso de Liébana, la referencia escrita más antigua de los viñedos se obtiene del análisis de los documentos hallados en el monasterio de Santa María de Piasca. En un documento del año 822 queda recogida la venta de una viña a cambio de distintos bienes. El cartulario de Santo Toribio ofrece interesante información para conocer el cultivo de la vid en Liébana. Ya en el año 826 registra una donación en la que un particular regala al abad de San Esteban de Mieses sus posesiones, entre ellas «terras, vineas y pomíferas».

La uva se recoge con gran cuidado.

La actividad vitivinícola durante los siglos XV al XVIII también fue intensa en la zona, como lo demuestran tanto la proliferación de referencias documentales en forma de ordenanzas, regulaciones, etc., como los restos

Viñedos de Casona Micaela en el precioso Valle de Villaverde.

Picos de Cantabria es un vino de calidad de la tierra de Liébana.

materiales de prensas y otros equipos destinados a la elaboración del vino que aún se conservan.

Entre los documentos hallados sobre el cultivo de la vid en esta zona, destaca uno de una misión jesuita en Cantabria de finales del siglo XVIII. A través de un pequeño informe sobre el estado de la tierra se puede entender la dificultad de cultivar la vid por estos lares: *«[...] la tierra es tan quebrada, áspera y montuosa que para podar las viñas es necesario atar los hombres con una soga por ser tan derecha la cuesta del monte y estar un río a la falda».*

Y es que la mayoría de las plantaciones de Liébana se encuentran en laderas que a menudo superan el 20% de desnivel, lo que dificulta enormemente las prácticas agrícolas. Atendiendo a esta característica, es obvio que el factor humano es determinante para la obtención de una materia prima de alta calidad. Reglamentada en 2004, la de Liébana es también una indicación geográfica protegida. La comarca posee un régimen hídrico y térmico en el periodo de maduración de la uva ideal para la producción de vinos de mucha calidad, ya que aquí se dan cita un invierno frío, que asegura una brotación homogénea y una parada precoz del crecimiento, y un periodo de maduración estival largo, seco y soleado, lo que favorece una vendimia tardía y de calidad. La IGP Liébana se usa para designar los vinos de la tierra procedentes de la zona vitícola que abarca los términos municipales de Potes, Pesaguero, Cabezón de Liébana, Camaleño, Cillorigo de Liébana y Vega de Liébana. Entre sus uvas tintas se encuentran: mencía, tempranillo, garnacha, graciano, merlot y syrah, y entre sus uvas blancas: palomino, godello, verdejo, albillo y chardonnay.

Los tintos tienen una graduación alcohólica adquirida mínima de 10° y una acidez total que fluctúa de los 5 a los 8,5 g/l. En cuanto a los azúcares reductores, tienen un máximo de 5 g/l. Por su parte, los vinos blancos de Liébana tienen una graduación alcohólica adquirida mínima de 9,5° y una acidez total que va de los 5 a los 10 g/l. En cuanto a los azúcares reductores, tienen también un máximo de 5 g/l.

En la actualidad son once los vinos que se producen en Cantabria. Tres de ellos son tintos: dos variedades de Picos de Cabariezo, de la Compañía Lebaniega de Vinos y Licores, y el vino Lusía, de Río Santo.

El vino **Picos de Cabariezo** es de color cereza granate, con un ligero borde violáceo. Tiene un potente aroma de frutas rojas maduras con finas notas tostadas de roble y especias. En boca es sabroso, expresivo y ligeramente graso, con notas de confitura de ciruela y taninos maduros que aportan frescura final.

El vino **Lusía** es de color picota, con ribete amoratado y tonos entre azules y violetas; en nariz es de media intensidad, de buen equilibrio entre la fruta y la crianza. En su conjunto es un vino sutil y quizás algo complejo, ya que en él hay notas balsámicas, vegetales y con un fondo sutil dulce de caramelo. Es un vino sabroso, intenso, con buena estructura y amplitud, seco, balsámico, de ligero amargor y destacada acidez. El final en boca deja recuerdos cítricos de la acidez.

Los vinos blancos que se producen en Cantabria son ocho.

Casona Micaela dispone de modernísimas instalaciones que permiten un perfecto control de la producción.

El **Ribera del Asón**, de Bodegas Vidular —en Junta de Voto, donde se pueden realizar catas y degustaciones—, es un vino de color amarillo brillante, con tonos verdosos. En nariz presenta aromas frutales y cítricos que responden a las características varietales del albariño y el chardonnay. Es fresco en boca, equilibrado en cuerpo y acidez. Armonioso y de paso largo en boca, tiene buena evolución en botella. Su maridaje con los mariscos y pescados propios de la gastronomía cántabra es perfecto; también en combinación con los quesos cremosos de la comarca de Liébana.

El **Tejea Verde**, de Bodegas Monte Tejea —en Valle de Villaverde, cuya bodega se puede visitar bajo reserva—, es un vino vestido en color amarillo con reflejos verdosos y sabor a fruta blanca y fruta tropical madura, un poco sudoroso, de buen frescor, con alguna mineralidad, aunque sin volumen en boca. Su maridaje ideal es con pescados de roca y mariscos.

El **Viña Lancina**, de Bodegas Nates, situada en Nates (Voto), organizan catas y visitas guiadas a sus instalaciones. Allí elaboran un vino amarillo pajizo de tonos verdosos, con aromas de fruta blanca, envueltos en perfume floral. Es mineral y fresco en boca, de acidez excelente y cuerpo medio. Tiene

Exterior de las modernas bodegas de Casona Micaela

recuerdos intensos de piña y heno en el postgusto. Esta misma bodega ha sacado también un vino albariño con su propio nombre, **Nates**. Es de color amarillo pajizo con tonos verdosos, aromas de fruta blanca, manzana, pomelo y bolitas de anís. En la boca es fresco, de excelente acidez, pero envuelto en una suficiente estructura. Su postgusto deja recuerdos florales.

El **Casona Micaela**, de la bodega homónima —en Valle de Villaverde, donde igualmente atienden visitas de grupos y explican los procesos de producción del vino—, es limpio, brillante y de color amarillo pajizo con tonos verdosos. Tiene una buena intensidad aromática con notas de fruta madura, como melocotón, manzana, piña y notas de flores blancas. En boca es fresco, amplio, con buena persistencia aromática muy equilibrada. Su maridaje, con pescados y mariscos.

El **Viña la Vida**, de las bodegas del mismo nombre —en Liendo, donde se realizan catas y degustación de productos típicos de Cantabria—, es un vino fresco, ágil y con un delicioso aroma frutal.

El **Carrales de Cayón** se elabora en las Bodegas Ojeda Suárez. Es un vino amarillo pajizo, verdoso, brillante. Muy afru-

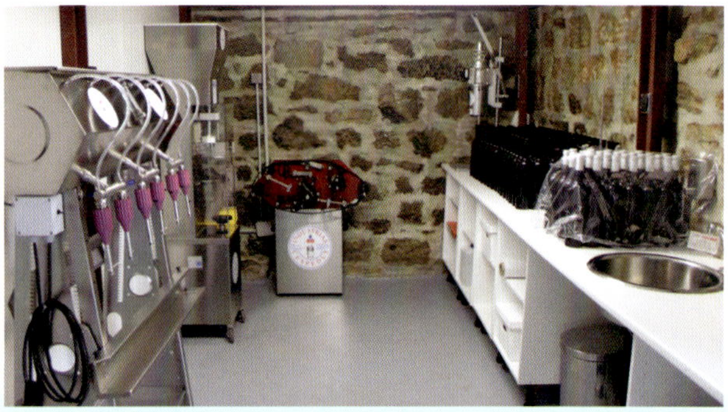

Zona de embotellamiento en las bodegas de Señorío del Pas

tado y con aromas a melocotón, fruta de la pasión y frutas frescas. De buena entrada, es fresco, amable y con un retrogusto seco característico de esta variedad. El maridaje ideal es el que hace con pescados, mariscos, patés y aves.

En la bodega **Señorío del Pas** hacen un vino que lleva el mismo nombre; es de color blanco pajizo, con tonalidades rosáceas debido a la maduración de la uva gewürztraminer. En nariz es un vino que se presenta frutal y floral, de sabor a piña y pera en almíbar, con toques mentolados y anisados y fondo floral de acacia y rosas. Se deja notar algún matiz de levadura de velo debido a la naturalidad del producto por su ausencia de aditivos. En boca es goloso, con grasa, estructurado y con un pico de acidez que le da viveza y un paso agradable y refrescante.

El viajero no debe perderse la oportunidad de degustar los buenos vinos de las tierras cántabras.

Estos ocho vinos blancos de Cantabria son todos ellos caldos jóvenes que se producen con uvas de la región y en bodegas que se han creado en la misma comunidad autónoma.

Vista general de Valle de Villaverde con los viñedos de Casona Micaela

Callos a la montañesa

PARA 4 PERSONAS

DIFICULTAD: MEDIA

TIEMPO: 3 HORAS Y 30 MINUTOS

Ingredientes:

1,5 kg de callos
200 ml de aceite de oliva
2 cebollas
2 clavos de olor
3 dientes de ajo
1 ramillete de hierbas aromáticas
1 pimiento rojo
1 hueso de jamón
150 ml de vino blanco de Cantabria
1 cucharada de pimentón
15 g de harina
pimienta en grano
perejil
sal

Preparación:

- Lavar bien los callos. Cortarlos en cuadrados de unos 4 cm y cocerlos en abundante agua con sal. Añadir al agua el hueso de jamón, una cebolla, los clavos, unos granos de pimienta, el vino blanco y las hierbas aromáticas. A medida que se vayan cociendo los callos, ir espumando el caldo de vez en cuando. Dejarlos cocer lentamente durante unas 2 horas.
- Preparar un sofrito a fuego lento con un poco de aceite, la otra cebolla picada muy menuda, el pimiento y los dientes de ajo también troceados.
- Añadir la harina al sofrito, rehogar bien y agregarle el pimentón. Incorporar un cucharón del caldo de cocer los callos. Realizar este paso a fuego lento, procurando que la mezcla no se queme, pues daría mal sabor al plato.
- Retirar de la cazuela de los callos la cebolla, el ramillete de hierbas y el hueso de jamón.
- Añadir a los callos el sofrito y dejarlos cocer durante 1 hora más. Espolvorear perejil picado para que cojan su sabor mientras cuecen.
- Retirar los callos del fuego y servir.

Maganos macerados en ajo

PARA 4 PERSONAS

DIFICULTAD: MEDIA

TIEMPO: 1 HORA Y 20 MINUTOS (MÁS EL TIEMPO DE MACERACIÓN)

Ingredientes:

600 g de maganos pequeños (chipirones)
2 pimientos verdes
400 g de arroz cocido
2 cebollas
2 tomates maduros
3 dientes de ajo
2 ramitas de perejil
20 g de pan rallado
1 vaso pequeño de vino blanco de Cantabria
aceite de oliva
pimienta
sal

Preparación:

- Lavar y limpiar bien los maganos.
- Pelar los dientes de ajo y picarlos finitos. Macerar los maganos con ellos en la nevera durante al menos 8 horas para que cojan el sabor.
- Pelar las cebollas y picarlas en juliana.
- Disponer los maganos en una cazuela, a ser posible de barro, y cubrirlos con la cebolla picada y con los pimientos troceados. Añadir el perejil picadito.
- Echar agua en otra cazuela y llevarla a ebullición. Hacer una muesca en forma de cruz en la base de cada tomate. Cuando el agua rompa a hervir, escaldar los tomates 2 minutos para que se desprenda la piel. Retirarlos del agua y pelarlos. Cortarlos en cuartos, quitarles las semillas y añadirlos a la cazuela de los maganos.
- Salpimentar, espolvorear con el pan rallado y rociar todo con aceite de oliva.
- Dejar cocer muy lentamente e ir removiendo poco a poco para que se mezclen bien los diversos sabores.
- Cuando todo esté a medio cocer, agregar a la cazuela el vino blanco.
- Una vez que los calamares estén tiernos, retirar la cazuela del fuego y dejar reposar. Servir calientes acompañados con el arroz cocido.

La sidra

El primer documento de Cantabria en el que se habla de sidra se encontró en Liébana y se trata de un testimonio del año 1058. Muchos documentos medievales recogían el uso de esta bebida como medio de pago o como bien que poseían los conventos de la época.

A pesar de este primer testimonio escrito, existen numerosas teorías que especulan con el verdadero origen de la sidra, pues el geógrafo e historiador griego Estrabón menciona ya, en el siglo I a. C., el uso de una bebida denominada «zythos»: «Zytho etiam utuntur, vini parum habent». Esta cita, bastante ambigua, ha dado lugar a discusiones entre los expertos; algunos autores posteriores han interpretado que Estrabón podría hablar en este texto de la sidra elaborada por las tribus montañesas asentadas en el norte de la Península Ibérica.

Lo que sí es constatable históricamente es que la sidra aparece de manera habitual en los fueros y ordenanzas de los concejos de Santander, Santillana del Mar, Cabezón de la Sal, Torrelavega o Castro Urdiales. Las manzanas no solo servían como alimento, sino que la elaboración de una bebida con ellas suponía un pequeño complemento a la economía doméstica, pues el excedente de cada casa era comercializado a pequeña escala. Según las ordenanzas de Torrelavega de 1655, eran numerosos los vecinos que solían vender cuartillos de sidra, y en 1552 podemos comprobar cómo la sidra se incluía como producto de exportación gravado con sisas para costear la reparación de los muelles de Santander.

Estos datos y otras muchas informaciones más sobre la sidra se pueden encontrar en el libro *El trujal. Historia, leyendas y notas sobre la manzana y la sidra en Cantabria*, de Javier Tazón Ruescas, uno de los mayores impulsores de este producto en la región cántabra. En él realiza un recorrido por la cultura, la historia y la filosofía de la sidra, y elabora un cuidadoso análisis de la historia de este producto.

El proceso de preparación de la bebida comienza tras la recolección de la fruta. El resultado final dependerá de muchos factores, como el estado, la variedad y el origen de las manzanas, así como de la manipulación a la que se las someta en las diferentes fases. Atendiendo a las piezas escogidas y si son más ácidas o más dulces, la sidra obtenida será completamente distinta.

A lo largo del proceso de recolección, selección, prensado y fermentación se van obteniendo diferentes productos. Debemos tener en cuenta que no todo lo que sale de la manzana cántabra es sidra. Así, los distintos procesos por los que pasan las manzanas dan lugar a productos diferentes. Se puede degustar el mosto de manzana, que no es otra cosa que el jugo obtenido de la fruta fresca por medios físicos, en tanto no haya comenzado su fermentación. Se denomina «mosto de manzana natural» al que no ha sido objeto de ningún tratamiento. La sidra propiamente dicha es la bebida resultante de la fermentación alcohólica total o parcial de la manzana fresca o de su mosto; su graduación alcohólica adquirida es superior a 4°. Para poder denominarse «natural», la sidra debe elaborarse siguiendo las prácticas tradicionales, sin adición de azúcares, y contiene gas carbónico de origen endógeno exclusivamente. Tiene un color ambarino, es sana, tónica, higiénica, refrescante, de un sabor agridulce y de aroma agradable. A veces puede ser espumosa.

El dulce mosto de manzana es uno de los productos del proceso de elaboración de la sidra.

En Cantabria no hay una producción masiva de sidra, sino que se elabora de manera artesanal en pequeños lagares en las poblaciones de Guriezo, San Miguel de Aras, Villaverde de Trucíos, La Encina de Cayón, Guarnizo, Lamasón, Lamadrid, Cabañes y Aniezo. Además de en estos lagares, también se produce sidra en el Instituto de Heras y en el de Cayón, donde se está elaborando un producto experimental de altísima calidad.

En el municipio de Cabezón de Liébana, en Aniezo, se ha abierto un pequeño Museo de la Sidra, que tiene anexos un restaurante y una zona de espicha. Y tal y como sucede con muchos otros productos cántabros, la sidra también tiene algunas fiestas propias en la comunidad, como es el caso de las Fiestas de la Sidra de Torrelavega y, sobre todo, las de Escalante, durante el mes de julio, donde han acuñado ya hasta su propio eslogan: «De Santoña las anchoas; el buen turrón, de Alicante; de Novales, los limones; y la sidra... de Escalante».

No son muchas las marcas cántabras que se encuentran registradas como elaboradoras de sidra; dos de las que tienen más presencia en el mercado son Somarroza, de Renedo de Piélagos, y Repinalda, de Aniezo (Cabezón de Liébana).

Aunque la manera habitual de degustar un culín de sidra es bebiéndolo, ¡cómo no!, no hay que olvidar que la sidra puede ser también una estupenda aliada en la cocina. En el caso de Cantabria, un buen ejemplo pueden ser unos ricos chorizos de Potes cocinados a la sidra, cántabra, por supuesto.

Chorizo de Potes a la sidra

Para 4 personas
Dificultad: baja
Tiempo: 30 minutos

Ingredientes:

4 chorizos de Potes poco curados
500 ml de sidra natural
4 rebanadas de pan tostado

Preparación:

- Pinchar con un tenedor los cuatro chorizos y disponerlos en una olla alta.
- Verter la sidra en la olla y ponerla a fuego medio. Calcular 15 minutos de cocción a partir de que rompa a hervir.
- Trocear los chorizos y repartirlos en cazuelitas de barro individuales.
- Verter la sidra sobre los trozos de chorizo y servirlos acompañados de una rebanada de pan tostado.

Patatas con costilla a la sidra

PARA 4 PERSONAS

DIFICULTAD: MEDIA

TIEMPO: 1 HORA Y 45 MINUTOS

Ingredientes:

500 g de costillas de cerdo
750 g de patatas
1 cebolla
1 diente de ajo
½ lata de pimientos en conserva
100 ml de aceite
150 ml de sidra natural
1 cucharadita de pimentón
1 hoja de laurel
pimienta
sal

Preparación:

- Cortar las costillas en trozos regulares.
- Cortar los pimientos en tiritas. Pelar las patatas y trocearlas.
- Pelar y picar la cebolla y el diente de ajo.
- Calentar el aceite en una cazuela de barro y freír las costillas. Cuando estén doradas, añadir la cebolla y el ajo. Tapar la cazuela y dejar rehogar a fuego lento hasta que la cebolla esté tierna.
- Añadir entonces el pimentón y la sidra. Remover, tapar y cocer 5 minutos.
- A continuación, cubrir todo con agua caliente y agregar la hoja de laurel. Cocer 1 hora a fuego moderado.
- Agregar las patatas y proseguir la cocción a fuego suave hasta que las patatas estén blandas.
- Añadir los pimientos, salpimentar y servir muy caliente.

Miel de Cantabria

La miel fue la primera sustancia utilizada por el hombre para endulzar los alimentos. Como se trata de un producto elaborado por las abejas a partir del néctar de flores y de la savia dulce de algunos árboles, Cantabria, con su privilegiada naturaleza, no podía dejar de contarse entre las regiones productoras de este delicioso manjar. Por ello, el viajero que visite sus tierras irá viendo desde las carreteras regionales los dujos, tradicionales colmenas confeccionadas con el tronco hueco de un roble.

La miel de Cantabria cuenta con la marca CC (Calidad Controlada) de la Oficina de Calidad Alimentaria, lo que garantiza la calidad singular de este producto alimentario regional, asegurando además al consumidor la autenticidad del producto, así como un modo de producción sostenible, e indicándole la zona donde se ubican las colmenas.

La miel es un alimento excelente, pues la energía que proporciona es asimilada directamente por el organismo. Tiene también propiedades medicinales en trastornos intestinales, úlceras de estómago, insomnio, males de garganta y afecciones cardiacas.

Las mieles cántabras están elaboradas con técnicas ecológicas, lo que permite que, además de estas propiedades, conserven intacto el genuino sabor de la miel de la montaña, la misma que llevan cosechando los apicultores cántabros toda la vida. Las principales zonas de producción de miel en Cantabria corresponden a los valles de Liébana y Campoo. Como no todas las mieles son iguales, pues varían en gran medida en función del tipo de flor del que hayan libado las abejas, en Cantabria se encuentran diferentes variedades. Entre ellas está, por ejemplo, la miel de flores o miel de néctar, una miel de color ámbar anaranjado claro, con olor de intensidad débil, un ligero perfume floral y sabor dulzón. Su polen procede de distintas especies florales, sin existir polen predominante.

Se encuentra también en Cantabria miel de mielada, de color oscuro, de negro a negro vinoso, con un sabor persistente y un olor característico muy intenso.

Colmenas de la mielera Valle Estrechu, en Liébana.

Se produce asimismo miel de brezo y calluna, de color ámbar oscuro con tonos rojizos, con un sabor ligeramente amargo y persistente, y con aromas florales. Esta es una de las mieles más abundantes y de las más apreciadas, tanto por su sabor como por sus propiedades, ya que diversos estudios científicos han determinado que la flor de brezo contiene varios compuestos farmacológicos con propiedades medicinales. Es una planta diurética y antiséptica, indicada para las inflamaciones de la vejiga, propiedades que son transmitidas a la miel de brezo.

También se produce en esta comunidad autónoma miel de eucalipto, de color ámbar claro, sabor anisado y aroma a la planta de origen.

En Cantabria tienen lugar muchos eventos relacionados con este producto, como es el caso de la Feria Apícola de Cantabria, que se celebra anualmente en el Mercado Nacional de Ganados de Torrelavega, o la Feria de la Miel de Campoo de Yuso.

Asociados a la miel, se hacen también concursos o degustaciones, como el concurso de postres con miel de Cantabria, que organiza la Federación de Asociaciones de Apicultores de Cantabria junto con otros colaboradores. Su finalidad es preservar y recuperar recetas populares cántabras en las que la miel esté presente.

Son múltiples las maneras de degustar este rico y sano producto natural: con pan y queso, en los frisuelos calientes para desayunar, con leche caliente antes de irse a dormir, con las cuajadas y yogures de leche de reses cántabras, con nueces o en cualquiera de las variedades de postres que se elaboran en esta rica provincia.

Erica cinera

Erica vagans

Erica tetralix

Calluna vulgaris

Erica ciliaris

Eucalipto

El polen de la miel de brezo suele proceder de las especies Erica cinerea, E. vagans, E. tetralix, E. ciliaris y Calluna vulgaris.

Pez espada a la miel

PARA 4 PERSONAS

DIFICULTAD: BAJA

TIEMPO: 30 MINUTOS (MÁS EL TIEMPO DEL MACERADO)

Ingredientes:

4 rodajas gruesas de pez espada
4 cucharadas de miel
2 cucharadas de aceite de oliva
1 cucharada de tomate triturado
3 cucharadas de caldo de pescado
1 cucharada de vino blanco seco
1 diente de ajo
1 ramita de tomillo
4 patatas cocidas
pimienta
sal

Preparación:

- Limpiar y secar con papel de cocina las rodajas de pescado y disponerlas sobre una bandeja refractaria. Reservar.
- Colocar una cazuela al fuego y verter en ella el aceite y el diente de ajo pelado y picado. Antes de que el ajo se dore, bajar el fuego y agregar la miel, el tomillo, el tomate triturado, pimienta al gusto, el caldo y el vino. Dejar cocer durante 5 minutos.
- Retirar la salsa del fuego, verterla sobre el pescado y dejar macerar durante 1 hora.
- A continuación, introducir la bandeja en el horno precalentado a 180 °C y cocer durante 20 minutos o hasta que el pescado esté en su punto.
- Servir el pescado caliente acompañado con las patatas cocidas.

Solomillo de cerdo a la miel

PARA 6 PERSONAS

DIFICULTAD: BAJA

TIEMPO: 1 HORA Y 15 MINUTOS

Ingredientes:

3 solomillitos de cerdo
100 ml de miel
6 manzanas
1 ramita de romero
1 ramita de tomillo
1 cucharadita de pimienta rosa
1 diente de ajo
sal

Preparación:

- Majar en un mortero el diente de ajo pelado, el romero, el tomillo, la pimienta y una pizca de sal. Cuando esté todo bien majado, mezclarlo con la miel.
- Embadurnar los solomillos con esta mezcla, colocarlos en una fuente para horno y dejarlos macerar 30 minutos.
- Mientras tanto, precalentar el horno a 200 °C.
- Una vez pasado el tiempo de maceración, meter la fuente en el horno y tener los solomillos bajo el grill 5 minutos por cada lado, para dorarlos.
- A continuación, poner el horno a 180 °C y asar la carne 20 minutos o hasta que esté hecha, pero no demasiado seca.
- Mientras tanto, lavar las manzanas, quitarles el corazón, trocearlas y ponerlas a cocer en un cazo con un poco de agua. Cuando estén bien cocidas, pasarlas por el pasapurés.
- Servir el solomillo a la miel acompañado del puré de manzana.

Pez espada a la

La huerta y los frutales

A pesar de que Cantabria destaca más por sus carnes y pescados que por sus productos de huerta, sí es interesante hablar de algunas variedades vegetales, como el pimiento, la patata, el garbanzo, la alubia o la cebolla. Y de sus árboles se recogen excelentes limones, además de gran cantidad de frutos secos.

El viajero no debe dejar de visitar algunas de las comarcas que son precisamente famosas por los productos que crecen en sus pequeñas huertas locales y en sus frutales.

En el municipio de Arnuero, por ejemplo, desde el mes de septiembre se recogen los mejores pimientos cántabros: los **pimientos de Isla**, que han obtenido la certificación controlada de la Oficina de Calidad Alimentaria de Cantabria, que garantiza la calidad singular de este producto y supone un paso previo a la obtención de la denominación de origen. Crecen en una planta más bien pequeña y los frutos son más largos que anchos.

La calidad y singularidad de estos pimientos se debe a los terrenos y al clima. El suelo en esta zona es arenoso y suelto; y el clima tiene influencia del océano Atlántico y ramalazos de un clima mediterráneo, algo que parece venir de maravilla a estas plantas. Dicen los expertos que la brisa marina que impregna la atmósfera de sal proporciona a los frutos una dulzura y una explosión de sabor únicas e irrepetibles.

Los pimientos de Isla se cultivan desde finales del siglo XV y sus semillas se han transmitido de generación en generación. Son especiales por muchos motivos y son únicos en el mundo para asar, debido a sus características morfológicas y agronómicas, ya que el espesor de su pared llega a superar en muchos casos el centímetro.

Existen diversas formas de prepararlos atendiendo a la época en la que se recojan: si están verdes, se pueden consumir fritos; si ya están rojos, asarlos es la mejor manera de deleitarse con su delicioso sabor.

Otras variedades interesantes de pimientos cultivados en Cantabria son el **pimiento choricero** y el **pimiento de asta**. El primero es un pimiento tipo dulce italiano, que se consume frito en verde; en su madurez se vuelve de color rojo y es conservado así, durante el otoño y el invierno, empleándose como condi-

En Cantabria se producen diferentes variedades de sabrosos pimientos.

Sencillo pero riquísimo: pimientos asados

mento del carico montañés (del que hablamos más adelante) y de otros platos de la cocina cántabra. El pimiento de asta se emplea fundamentalmente para asar.

Patatas cántabras

De la huerta cántabra hay que destacar también las patatas que crecen en Valderredible. Una anécdota: una **patata de Valderredible** de 1.700 g, recogida en Allén del Hoyo, está dentro del libro Guinness de los récords.

La patata de Valderredible es de forma oval y alargada, su carne es amarilla y firme, tiene un calibre de entre 45 y 80 mm, y aunque tardía, pues se siembra en mayo y se recolecta con la llegada del otoño, es una patata muy sabrosa.

Su textura, según los expertos, es firme y consistente en boca, destacando su contenido en materia seca y sus cualidades de color, aroma y sabor. En la zona se producen patatas de las variedades baraca, jaerla, spunta y agria.

El hecho de que Valderredible se sitúe en la zona más meridional de Cantabria hace que posea un clima privilegiado para el cultivo de la patata. Si a esto unimos las características de sus suelos, tenemos un valle ideal para el cultivo de este producto, especialmente adecuado para consumir frito.

Recogida de una cosecha de patatas

En la cocina cántabra encontramos muchos platos para elaborar con estas deliciosas patatas de Valderredible; un ejemplo: las patatas a la importancia.

Las legumbres

Las legumbres son el producto alimenticio con más peso en Cantabria, lo que resulta un acierto, pues tienen un alto contenido en fibra y poca grasa, además de ser ricas en proteínas y en hidratos de carbono complejos, lo que las convierte en un plato ideal para esos fríos días de otoño e invierno en las altas zonas de la montaña cántabra.

Si hay un plato característico de la gastronomía de Cantabria es el cocido, en su versión lebaniega o montañesa. La base de ambos platos nace en gran medida de las huertas de Cantabria, donde se cultiva una amplia variedad de legumbres, entre las que destacan, por supuesto, los **garbanzos de Liébana**, que crecen resguardados por los Picos de Europa.

Garbanzos de Liébana

Otra legumbre cántabra muy apreciada es el **carico montañés**, una alubia roja de alta calidad tanto por su piel, fina y firme, como por su albumen, suave y rico en proteínas, con una buena cochura que regala a los cocineros un caldo gordo sin necesidad de incorporar alimentos grasos animales.
Son también muy apreciadas las **alubias de Meruelo y Guriezo**.

Las legumbres son imprescindibles en los más emblemáticos platos cántabros.

En Cantabria también se cultiva la **cebolla roja lebaniega**, especialmente en los valles de la comarca de Liébana, claro. Es una variedad de bulbo globoso, con túnicas exteriores de color rojo o morado cuando están secas, carne muy compacta y ligera coloración morada, sabor dulce y buen equilibrio entre acidez y dulzura. Es muy adecuada para consumirla fresca en ensaladas, pero también para cocinar.

Fruta

Si hablamos de frutales, en Cantabria tienen especial relevancia el manzano, el peral y el kiwi, producido principalmente en la zona de Novales-Cóbreces; aunque sin duda alguna en esta zona los reyes son los limones, ya que las características ambientales de esta área, con un microclima que permite cultivos de tipo mediterráneo, son propicias para los cítricos; no en balde hay quien llama a esta zona «la pequeña Murcia».

El cultivo del **limón de Novales** se remonta a mucho tiempo atrás. Estos limones eran conocidos por los romanos y durante los siglos XVI y XVII se comercializaron en el norte de Europa, Inglaterra e Irlanda. Su principal ruta de exportación fue por mar, y se sabe que barcos de Flandes, Inglaterra y Francia hacían trueque y se llevaban sus naves cargadas de limones y naranjas. Cuenta la tradición que los navíos que viajaban lejos se proveían de los limones de Novales para evitar el escorbuto entre la tripulación.

Los limones de Novales no se pueden considerar estéticamente bonitos: son rudos, dan poco zumo y su piel es muy gorda. Sin embargo, tienen un aroma fantástico que los hace ideales para la cocina en general y la repostería en particular.

No debemos olvidar tampoco que Cantabria es una zona en la que abundan especialmente los **frutos secos**, como nueces, avellanas y castañas provenientes de sus frondosos bosques.

También nacido en tierra cántabra destaca el denominado **té de los puertos**, aunque no sea té, sino una planta silvestre de las tierras altas de Liébana que se encuentra principalmente en los puertos de Áliva, en el municipio de Camaleón. Preparada en infusión da lugar a una bebida de color amarillo claro, de agradable aroma y suave gusto, que resulta además un excelente digestivo si se combina con el orujo de las vides de Potes.

Fritada de verduras

PARA 4 PERSONAS
DIFICULTAD: MEDIA
TIEMPO: 50 MINUTOS

Ingredientes:

2 cebollas
2 pimientos verdes
1 pimiento rojo
4 tomates maduros
2 calabacines
2 dientes de ajo
aceite de oliva
1 cucharadita de azúcar
sal

Preparación:

- Poner al fuego una cazuela con agua y llevarla a ebullición. Hacer una muesca en forma de cruz en la base de cada tomate. Cuando el agua rompa a hervir, escaldar los tomates 2 minutos. Retirarlos del agua y pelarlos. Cortarlos en cuartos y quitarles las semillas.
- Pelar las cebollas y trocearlas, al igual que los calabacines, en dados pequeños.
- Lavar los pimientos, quitarles las semillas y trocearlos de la misma manera.
- En una cazuela con un poco de aceite, rehogar a fuego lento durante 2 minutos los dientes de ajo pelados y la cebolla.
- Añadir el pimiento y seguir rehogando unos 5 minutos más.
- Agregar entonces el calabacín, remover y rehogar 2 minutos más antes de incorporar el tomate.
- Dejar al fuego toda la mezcla durante 15 minutos más. Cuando el tomate se haya hecho y el jugo se haya reducido, añadir el azúcar y sal al gusto.
- Hervir la fritada y servirla.

Crema de puerro y patata

PARA 4 PERSONAS

DIFICULTAD: BAJA

TIEMPO: 45 MINUTOS

Ingredientes:

4 puerros grandes
½ cebolla
2 zanahorias
4 patatas
4 cucharadas de aceite de oliva
1 cucharada de mantequilla
150 ml de nata líquida
1 l de caldo de verduras
cebollino picado
pimienta
sal

Preparación:

- Pelar todas las verduras y cortarlas en trozos grandes.
- Sofreír en una cazuela con el aceite durante unos minutos el puerro y la cebolla. Añadir más tarde la zanahoria y rehogar a fuego lento hasta que la cebolla esté dorada.
- Verter el caldo en la cazuela sobre las verduras, añadir las patatas y calentar hasta llevar al punto de ebullición.
- Tapar y dejar cocer a partir de entonces 20 minutos a fuego lento.
- Cuando las verduras estén hechas, dejarlas enfriar y luego pasarlas por la batidora hasta conseguir una crema homogénea. Pasarla también por el chino para que quede más fina.
- Volver a echarla en la cazuela, ponerla a fuego lento y añadir la nata y una cucharada de mantequilla. Salpimentar y dejar hervir.
- Remover bien y servir la crema caliente espolvoreada con el cebollino picado.

Pastel de espárragos

PARA 4 PERSONAS
DIFICULTAD: BAJA
TIEMPO: 50 MINUTOS (MÁS EL TIEMPO DE REPOSO)

Ingredientes:

1 manojo de espárragos cocidos
3 hojas de lechuga
1 tomate
3 huevos
50 ml de aceite
600 ml de leche evaporada
3 cucharadas de mantequilla
1 manojito de perejil
pimienta
sal

Preparación:

- Precalentar el horno a 170 °C.
- Trocear los espárragos y echarlos en el vaso de la batidora junto con el perejil picado, la leche evaporada y los huevos. Salpimentar y batir hasta conseguir una crema fina.
- Forrar un molde para quiche con papel de aluminio previamente engrasado con mantequilla y verter dentro la mezcla batida.
- Introducir el molde en el horno y cocerlo al baño maría durante 40 minutos.
- Retirarlo del horno y dejar enfriar al menos durante 1 hora.
- Mientras tanto, lavar las hojas de lechuga y cortarlas en juliana. Lavar el tomate y cortarlo en rodajas.
- Desmoldar el pastel de espárragos sobre una fuente y decorarlo con las tiritas de lechuga y las rodajas de tomate; servir.

Lechuga gratinada

PARA 4 PERSONAS
DIFICULTAD: MEDIA
TIEMPO: 45 MINUTOS

Ingredientes:

1 ½ lechugas de hoja larga
100 g de mantequilla
75 g de queso rallado

Para la besamel:
30 g de mantequilla
1 cucharada de aceite
2 cucharadas de harina
500 ml de leche
sal

Preparación:

- Lavar bien las hojas de lechuga.
- Calentar abundante agua con sal en una cazuela y cuando rompa a hervir, echar las hojas de lechuga y cocerlas hasta que estén tiernas.
- Para elaborar la besamel, calentar en un cazo el aceite con la mantequilla.
- Agregar poco a poco la harina y remover.
- Cuando esté bien mezclada, incorporar la leche, sazonar con sal y remover a fuego suave hasta formar una salsa ligera y sin grumos; reservar.
- Poner las hojas de lechuga cocidas sobre un paño limpio para escurrir bien el agua. Untar una cazuela de barro con mantequilla y colocar las hojas de lechugas dobladas. Repartir trocitos de mantequilla por encima. Cubrir todo con besamel y espolvorear por encima el queso rallado.
- Introducir la cazuela en el horno 15 minutos a temperatura moderada; cuando la capa de queso tome color, sacar la cazuela y servir.

Pastel de espárragos

Pimientos rellenos de arroz

Para 4 personas
Dificultad: media
Tiempo: 1 hora y 15 minutos

Ingredientes:

4 pimientos rojos medianos
600 g de tomates
150 g de arroz
300 ml de agua
200 g de carne de cerdo picada
3 dientes de ajo
50 ml de aceite de oliva
1 ramita de perejil
sal

Preparación:

- Precalentar el horno a 210 °C.
- Poner una sartén grande al fuego y calentar el aceite de oliva. Una vez caliente, rehogar en él la carne y sazonarla.
- Poner al fuego una cazuela grande con agua y llevarla a ebullición. Hacer una muesca en forma de cruz en la base de cada tomate. Cuando el agua hierva, escaldar los tomates 2 minutos para que se desprenda la piel.
- Escurrirlos, pelarlos, cortarlos en cuartos y quitarles las semillas. Añadir los tomates a la carne y cocinar todo junto a fuego lento unos minutos.
- Majar en el mortero el perejil y los dientes de ajo pelados. Añadir el majado a la sartén junto con el arroz y dejar cocer unos minutos más antes de incorporar el agua.
- Cocer durante 10 minutos o hasta que la mezcla quede melosa. Rectificar de sal y apartar del fuego. Reservar.
- Para preparar los pimientos, cortar la parte de arriba y guardar la tapa para cerrarlos después. Quitarles las semillas y rellenarlos con la preparación anterior. Tapar cada pimiento con la parte de arriba reservada y sujetarlos con un palillo para que no se salga el relleno.
- Colocar los pimientos a lo largo en una fuente para horno y asarlos 15 o 20 minutos. Cuando estén bien hechos, sacarlos del horno y servirlos calientes.

Tomates de verano

PARA 4 PERSONAS
DIFICULTAD: BAJA
TIEMPO: 40 MINUTOS

Ingredientes:

8 tomates maduros
200 g de bonito en escabeche
unas hojas de lechuga
16 yemas de espárragos blancos
2 huevos
50 g de aceitunas sin hueso
1 cucharada de zumo de limón
aceite
sal

Preparación:

- Lavar los tomates y cortar un círculo en la parte superior, de forma que se puedan vaciar y rellenar después.
- Vaciarlos cuidadosamente con una cucharita pequeña, evitando que se rompan.
- Dejarlos escurrir boca abajo sobre un plato durante 20 minutos.
- Mientras tanto, cocer un huevo 12 minutos en un cazo con agua. Pasarlo por agua fría, pelarlo y picarlo finito.
- Mezclarlo en un cuenco con el bonito y las aceitunas picadas.
- Preparar una mayonesa batiendo el otro huevo con aceite y el zumo de limón; salar un poco y trabajar hasta lograr una salsa espesa y ligada.
- Mezclar el relleno con la mayonesa y rellenar los tomates, que ya estarán escurridos.
- Cubrir el fondo de una fuente con unas hojas de lechuga bien limpias, disponer los tomates encima y decorar alrededor con las puntas de espárragos.

Pimientos rellenos de arroz

Carnes de Cantabria

La gran cantidad de pastos y bosques de los que dispone Cantabria ha hecho que la ganadería haya sido históricamente uno de los principales medios de vida y desarrollo para sus pobladores. El resultado gastronómico de tantos años de cría ganadera ha sido la aparición de la indicación geográfica protegida Carne de Cantabria, que designa la carne procedente de varias razas bovinas.

La ternera

El hecho de que la carne cántabra se enmarque dentro de una IGP ofrece a los consumidores una serie de garantías a la hora de degustar un producto saludable y de calidad, y completamente autóctono, ya que, por ejemplo, se garantiza que la alimentación de estos animales se adapta a las normas tradicionales de aprovechamiento de pastos de Cantabria. Por otra parte, para recibir esta denominación los animales deben mamar de su madre un mínimo de tres meses y en la fase de desarrollo tras el destete deberán consumir al menos un 50% de sus necesidades alimenticias en forma de forrajes producidos en Cantabria. Este tipo de alimentación garantiza sin duda la salubridad de unas carnes producidas íntegramente en Cantabria de manera natural.

La raza autóctona de vacuno por excelencia es la tudanca, rústica y de aspecto primitivo, pero productora de una leche muy cremosa; sin embargo, actualmente está consagrada a la producción de carne de extraordinaria calidad. Como no requiere muchos cuidados, se adapta a la perfección al régimen de semilibertad en el clima montañés de la Cantabria más occidental. Un dato que resulta curioso es que varios ejemplares de tudancas fueron introducidos en áreas naturales de Holanda con el fin de diversificar los brezales y prevenir que los árboles se convirtieran en la flora dominante.

Atendiendo a las características de estos animales, se pueden consumir distintas carnes: ternera, añojo, novilla o buey. La carne de ternera proviene de animales sacrificados antes de cumplir un año; es rosada, con grasa de distribución homogénea de color blanco nacarado, músculo de consistencia firme y ligeramente húmeda. Por su parte, la carne de añojo conserva cualidades muy similares, pero se obtiene de animales de entre uno y dos años. Las novillas son reses de

Los verdes pastos de Cantabria favorecen la producción de carnes de extraordinaria calidad.

dos a cuatro años; su carne es más roja, la grasa tiene ya un ligero color crema y su músculo, de consistencia firme, tiene un infiltrado de grasa. Los bueyes son los ejemplares machos castrados con más de dos años.

Por la calidad de sus razas bovinas son abundantes en Cantabria los platos elaborados a base de carne de ternera, como los sabrosos chuletones, entrecots o solomillos de los que se puede disfrutar en las posadas y restaurantes cántabros; carne de excelente calidad para acompañar con sabrosas salsas elaboradas con quesos autóctonos.

En Cantabria se celebran muchas ferias de ganado, como la de Torrelavega, que es la más importante del sector en España.

El cerdo

Pero al hablar de las carnes de Cantabria no se puede olvidar tampoco la cría de cerdo, aquí llamado «chon». La carne porcina se consume fresca y adobada, ya que de los cerdos cántabros se obtienen excelentes embutidos, como por ejemplo una sabrosa morcilla. Todos estos procesos se ven especialmente favorecidos en la región de Liébana, donde la altitud contribuye al proceso de secado.

La matanza cántabra es fundamental en la elaboración de los ricos cocidos de los que se habla en este libro constantemente. Pero la carne de cerdo no se destina en exclusiva a este sabroso plato donde se acompaña de berzas y garbanzos, sino que da lugar a gran variedad de productos. Uno de los más característicos de Cantabria y de los menos conocidos es el borono, muy típico en Reinosa. Aunque es muy similar a la morcilla, porque incorpora ingredientes comunes como la sangre, la cebolla o algunas especias, el borono no se embute dentro de una tripa de cerdo, por lo que no se puede llegar a considerar un embutido propiamente dicho. Pero la mayor diferencia entre ambos productos estriba en la manera en que se elaboran. En el caso del borono, se amasa la sangre junto con harina de maíz y harina de trigo hasta obtener una masa consistente; tras una o dos horas de reposo, se forman pequeñas bolas ligeramente elípticas, a las que se incorpora un poco de grasa de cerdo en su interior, y se cuecen unos minutos en su misma agua, hasta que están en su punto.

El borono es un producto para compartir con el vecindario. Como pasa con algunos otros productos del cerdo, con los boronos también es costumbre que el mismo día de la matanza, tras su elaboración, los niños o los mayores los repartan recién hechos entre vecinos, familiares y amigos del pueblo o del lugar donde tenga lugar la fiesta de la matanza.

Las aves de corral

En este apartado de aves de corral debemos hacer una pequeña mención a los sabrosos pollos tomateros o picasuelos, así denominados porque se alimentan del grano esparcido en el suelo de los corrales. Se crían en semilibertad y su alimentación es variada, con una base de maíz, cebada, alfalfa y amasijo de harina de cebada, a la que se unen los restos de frutas y verduras que se consumen en la casa. Su peso no debe llegar a sobrepasar los 2 o 3 kg y su periodo de crianza depende de a qué vayan a ser destinados; así, para freír con tomate se usará un pollo de nueve meses, y para cocinarlo con arroz, uno de unos dieciocho meses. Su carne, sin grasa, es muy fina y sabrosa y da un excelente caldo limpio.

La caza

Por lo escarpado de su orografía y sus frondosos bosques, Cantabria es una buena zona de caza. El resultado es que en las comarcas cántabras se puede degustar una gran variedad de carnes de caza, que va desde las pequeñas perdices hasta el venado, pasando por el corzo o el jabalí. Este último se puede disfrutar en las mesas cántabras desde mediados del otoño hasta finales del invierno. En la localidad de Ruesga, el jabalí es el gran protagonista. Para degustarlo elaboran el ragú de jabalí, un guiso con la sabrosa carne de este mamífero que cuenta con gran tradición en la zona.
Teniendo en cuenta la calidad de las setas de los bosques de Cantabria, estas son un buen acompañamiento para cualquiera de las carnes de caza de las distintas comarcas.

El ovino

Para concluir este capítulo dedicado a las carnes cántabras, no debemos dejar de mencionar la calidad del cabrito y el cordero, que se encuentran con más facilidad en las comarcas de Liébana y de Campoo, donde se crían animales de excelente calidad.

Las vacas cántabras disfrutan de un hábitat incomparable.

Pollo campurriano

PARA 4 PERSONAS
DIFICULTAD: MEDIA
TIEMPO: 1 HORA Y 40 MINUTOS

Ingredientes:

1 pollo de 1,5 kg
250 ml de vino blanco
200 g de arroz
3 pimientos rojos
3 pimientos verdes
1 cucharadita de pimentón dulce
4 tomates maduros
3 cebollas
harina para rebozar
100 ml de aceite de oliva
pimienta
sal

Preparación:

- Cortar las cebollas, cortarlas en juliana fina y reservar. Limpiar los pimientos y cortar dos tiras, una de pimiento rojo y otra de pimiento verde; reservar. Cortar el resto en trozos no muy pequeños. Rallar los tomates y reservar.
- Cortar el pollo en trozos medianos, salpimentarlos y pasarlos por harina.
- Freírlos en una sartén con aceite hasta que estén dorados por todas partes. Pasarlos a una cazuela.
- En la misma sartén de freír el pollo, rehogar la cebolla a fuego lento hasta que esté transparente. Retirar una cuarta parte y reservar en un plato.
- Añadir a la sartén los pimientos troceados y cuando tomen color, incorporar el tomate y salpimentar. Dejar que el sofrito se haga a fuego lento.
- Pasarlo por la batidora para obtener una salsa fina y verterla en la cazuela del pollo junto con 200 ml de vino blanco. Dejar la cazuela medio tapada a fuego lento durante unos 40 minutos. A medida que la salsa se vaya espesando, ir añadiendo más vino. Cuando falten unos 10 minutos para finalizar la cocción, agregar las dos tiras de pimiento reservadas y completar el tiempo de cocción.
- Mientras, en otra cazuela al fuego, poner el arroz con la cebolla reservada y el doble de su volumen de agua. Añadir el pimentón y dejar cocer hasta que el arroz esté en su punto. Servir el pollo junto con el arroz cocido.

Cordero asado a las hierbas

PARA 4 PERSONAS
DIFICULTAD: BAJA
TIEMPO: 55 MINUTOS

Ingredientes:

800 g de cordero
1 vaso de vino blanco
350 ml de agua
50 ml de aceite de oliva
1 cucharada de vinagre
1 ramita de tomillo
1 ramita de estragón
sal

Preparación:

- Precalentar el horno a 180 °C.
- Hacer unos cortes al cordero y colocarlo en una fuente honda.
- Sazonar con un poco de sal, el tomillo y el estragón.
- Verter el agua alrededor del cordero e introducir en el horno durante 30 minutos.
- Cuando la carne esté dorada, retirar la fuente del horno, untar el cordero con el aceite, volver a introducir en el horno y asar otros 30 minutos o hasta que el hueso se desprenda de la carne.
- Sacar la fuente del horno y regar el cordero con el vino blanco.
- Añadir a la salsa formada en la fuente la cucharada de vinagre con un poquito de agua.
- Bajar la temperatura del horno a 150 °C y volver a introducir la fuente. Hornear durante 10 minutos más.
- Servir el cordero caliente rociado con la salsa.

Pollo campurria

Costillas de ternera pasiega guisadas

PARA 4 PERSONAS
DIFICULTAD: BAJA
TIEMPO: 2 HORAS

Ingredientes:

800 g de costillas de ternera
1 vaso de vino blanco
aceite de oliva
pimienta blanca
sal

Preparación:

- Salpimentar las costillas y sofreírlas en una cazuela con aceite caliente hasta que estén bien doradas.
- Regar la carne con el vino blanco y dejar cocer hasta que se evapore todo el alcohol.
- A continuación, cocer la carne a fuego lento y con la olla tapada durante 1 hora y 30 minutos.
- A medida que se vaya cociendo, ir agregando agua en pequeñas cantidades para que el guiso no se pegue al fondo de la cazuela.
- Cuando la carne esté guisada, sacarla de la cazuela y servir.
- Puede acompañarse con una menestra de verduras o con pimientos asados en su propio jugo.

Lomo de ternera de Cantabria con respigos

PARA 4 PERSONAS
DIFICULTAD: MEDIA
TIEMPO: 2 HORAS

Ingredientes:

4 filetes de lomo de ternera
600 g de respigos (tallos tiernos de nabo, grelos)
150 g de setas de temporada
100 ml de salsa de soja
100 ml de salsa de ostras
300 ml de agua
2 cucharadas de fécula de patata
1 diente de ajo
aceite de oliva
sal gorda
sal fina

Preparación:

- Cocer en una olla con abundante agua y sal los tallos de los nabos durante 1 hora y 30 minutos. En este intervalo de tiempo, cambiar el agua dos veces (cada media hora) para eliminar el sabor amargo. Cuando estén listos, escurrirlos y reservar.
- En una sartén sofreír en aceite el diente de ajo bien picado; añadirlo a los respigos y remover.
- Lavar las setas y en una sartén aparte saltearlas con un poco de aceite y una pizca de sal. Reservar.
- En otra sartén con aceite, dorar los filetes de lomo por ambos lados. Dejar el interior ligeramente crudo pero caliente; reservar.
- Para elaborar la salsa, mezclar el agua con la salsa de soja y la salsa de ostras. Poner a hervir la mezcla y espesarla con la fécula de patata previamente disuelta en agua fría. Una vez lista, reservarla en una salsera.
- Disponer los respigos en forma de corona y en el centro colocar el lomo acompañado de las setas.
- Salsear la carne, espolvorear con un poco de sal gorda y servir caliente.

ostillas de ternera pasiega guisadas

Lomo de cerdo con peras

PARA 4 PERSONAS
DIFICULTAD: MEDIA
TIEMPO: 1 HORA Y 45 MINUTOS

Ingredientes:

750 g de lomo de cerdo
4 peras de agua
1 naranja
el zumo de ½ limón
100 ml de aceite
1 cucharada de brandy
2 cucharadas de azúcar
sal

Preparación:

- Precalentar el horno a 200 °C. Enrollar y atar el lomo de cerdo con un hilo de bramante y salarlo. Pelar las peras y dejarles el rabillo. Reservar.
- Disponer la carne enrollada en una fuente para horno y rociarla con el aceite. Cuando la carne se haya dorado en el horno, bajar la temperatura a 150 °C.
- Añadir a la fuente seis cucharadas de agua caliente y asar el lomo durante 1 hora rociándolo de vez en cuando con el jugo de la misma fuente.
- A media cocción, repartir las peras alrededor de la carne.
- Cuando el lomo esté asado, traspasarlo a una cazuela y taparla para mantener el calor.
- Calentar en un cazo el azúcar con tres cucharadas de agua y remover con una cuchara de madera a fuego lento.
- Cuando el azúcar tome color, retirar el cazo del fuego y añadir tres cucharadas más de agua, el brandy y el zumo de limón.
- Mezclar bien con el cazo a fuego lento y dejar que hierva.
- Cortar la carne en lonchas finas y disponerlas en una fuente. Adornarla con la naranja cortada en rodajitas y con las peras asadas. Bañarlo todo con la salsa de caramelo caliente y servir.

Cordero a la montañesa

PARA 4 PERSONAS
DIFICULTAD: MEDIA
TIEMPO: 1 HORA (MÁS EL TIEMPO DE REMOJO)

Ingredientes:

1 kg de pierna de cordero
150 g de tocino
150 g de jamón en un trozo
2 cebollas
harina para rebozar
100 g de alubias pintas
5 cucharadas de aceite de oliva
caldo de pollo
2 clavos de olor
2 hojas de laurel
2 ramitas de tomillo
2 ramitas de hierbabuena
pimienta
sal

Preparación:

- Poner las alubias en un recipiente con abundante agua y dejarlas en remojo al menos 12 horas.
- Escurrir las alubias, echarlas en una cazuela junto con una cebolla, los clavos, una hoja de laurel, una rama de tomillo y otra de hierbabuena. Cubrir todo con agua y cocer a fuego fuerte durante 10 minutos. Salpimentar.
- Mientras tanto, deshuesar la pierna de cordero e introducir trocitos de tocino.
- A continuación, bridar la carne con hilo de bramante para que no pierda su forma. También se puede utilizar una malla elástica. Enharinar la pieza una vez atada y rehogarla en una cazuela con aceite junto con la otra cebolla picada y el resto de las hierbas (laurel, tomillo y hierbabuena).
- Añadir un poco de caldo de pollo y dejar cocer todo 45 minutos.
- Mientras tanto, en una sartén aparte freír el jamón cortado en taquitos y añadirle las alubias escurridas. Remover con una cuchara de madera hasta que las alubias tomen el sabor del jamón. Reservar.
- Cuando el cordero esté listo, retirar la cazuela del fuego, quitar la cuerda a la carne y cortarla en lonchas. Servir la carne acompañada con las alubias.

omo de cerdo con peras

Debajo de las aguas del Cantábrico se esconden los deliciosos tesoros de la gastronomía regional.

Pescados y mariscos

El hecho de que esta comunidad autónoma esté bañada por el mar Cantábrico condiciona en gran medida la calidad de sus pescados y mariscos, así como las conservas que allí se elaboran a partir de sus capturas.

Las frías aguas cantábricas y la fuerza del mar al golpear en las zonas acantiladas hacen que los pescados y los mariscos tengan un intenso sabor y que la textura de su carne sea recia, compacta.

Podemos decir que los platos de la costa cántabra son netamente pesqueros, empezando por su capital, Santander, donde destacan por ejemplo las almejas a la marinera. Su enorme tradición de pesca hace que el viajero pueda disfrutar de una amplia variedad de materia prima, entre la que se encuentran múltiples pescados, desde el rape, la merluza, la lubina o el lenguado, hasta el chicharro, la sardina o la caballa, pasando por el boquerón, el bonito, la dorada, el besugo, el cabracho, el salmonete...

Rabas fritas

Dentro del apartado de pescados y mariscos, es indispensable hacer referencia a uno de los platos cántabros por excelencia y de los más demandados por los visitantes: las rabas fritas, de diversas especies de cefalópodos y con rebo-

Cantabria ofrece fantásticos lugares para la pesca deportiva.

En toda la costa cántabra se ven barcos de pescadores de bonitos colores.

zados diferentes. Se incluye aquí también a sus primos pequeños, los maganos, unos calamares de inferior tamaño pero no por ello menos sabrosos. El viajero que esté por estas tierras debería anotar también en su lista de la compra la sepia o jibia de Cantabria, un bocado nada desdeñable. Hablando de mariscos también Cantabria tiene mucho que aportar a la gastronomía. Entre las piezas que desfilan por las cocinas de sus restaurantes y tabernas están las nécoras, los centollos, los percebes de Ajo o Suances, las navajas, las almejas de Pedreña, las langostas y, cómo no, los exquisitos y siempre apreciados bogavantes.

Como es de esperar, mariscos y pescados son los protagonistas de muchos recetarios cántabros en los que nunca pueden faltar estos reyes del mar en sus distintas variedades, elaborados al horno, a la sal o en guisos varios. Sea como sea, estarán presentes en platos tan típicos de Cantabria

En la bahía de Pedreña el viajero disfrutará de espectaculares puestas de sol y de un gran surtido de productos del mar.

como la merluza en salsa verde, los maganos encebollados en su tinta, las almejas a la cazuela o el sorropotún, esa excelente marmita de bonito. A esta larga lista podemos añadir, además, las sardinas asadas, los bocartes rebozados, el pulpo asado, las albóndigas de sarda (verdel), el bonito con patatas o las lubinas a la sal, que también forman parte del largo listado de platos marineros de la costa cántabra.

Se podría decir que cada localidad tiene sus especialidades en lo que a mariscos y pescados se refiere. Así, entre los meses de abril y mayo se celebra desde hace diecisiete años la Feria del Marisco en Suances, una de las citas gastronómicas imprescindibles para los amantes de crustáceos, moluscos y cefalópodos, que podrán disfrutar de ellos a precios muy asequibles.

En Pedreña el plato estrella son sus almejas, las pequeñas a la marinera y las grandes en crudo, y mejor con un chorrito de limón, que potencia su sabor. También son sabrosas las de cultivo de San Vicente de la Barquera. Y si el viajero para por Isla, debe probar la langosta o el bogavante a la plancha.

En Castro Urdiales es típico el besugo. Por eso el día de San Andrés, el 30 de noviembre, fiesta del patrón de los marineros, se cocina de la manera clásica.

En Laredo, en cambio, son los reyes del bonito y lo preparan en grandes cantidades en las marmitas veraniegas. Algo que también sucede en Santoña, que durante el verano ofrece una gran «marmitada» de bonito a vecinos y visitantes. El sorropotún es la variante de esta marmita que se come en San Vicente de la Barquera.

Rape

Lubina

Sardinas

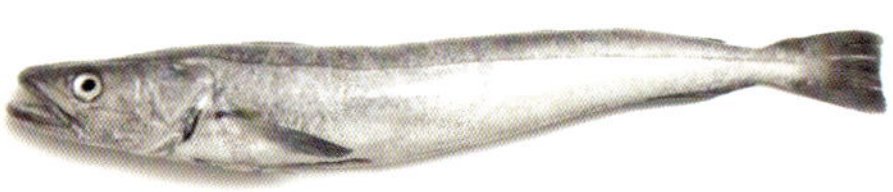

Merluza

Caballa

De la mano de un grupo de empresarios italianos surgió en el siglo XIX la primera empresa conservera de Cantabria, en Laredo. Desde aquel momento hasta hoy Cantabria ha sabido aprovechar las bondades de las salazones para conservar sus pescados. Son mundialmente conocidas las anchoas y los boquerones cántabros, así como otros pescados en conserva, envasados en aceite de oliva tras un minucioso trabajo artesanal.

La captura se produce en primavera, cuando el pescado se acerca a las costas a desovar. En la fábrica se realiza una rápida limpieza y desangrado para pasar a la salazón. Una vez salado, el pescado se descabeza, se limpia de vísceras y se ordena por capas con la mayor rapidez dentro de barriles de plástico entre capas de sal. Después, la anchoa colocada en los barriles se prensa para deshidratarla y eliminar todas las grasas. Una vez maduro el producto salado, se filetea cuando la textura de su carne es flexible y firme, de color rojizo y sabor equilibrado.

Pero no son las anchoas lo único que se puede disfrutar entre las conservas cántabras, ya que el atún y el afamado bonito del norte también se pueden añadir a la lista de productos de las conserveras.

En Santoña se celebra desde hace más de una década la Feria de la Anchoa y la Conserva de Cantabria, que convierte a esta localidad en un gran escaparate de las excelencias y atractivos del filete de anchoa cántabro.

La orografía de la provincia favorece también la captura de pescados de río. Los ríos que nacen en la cordillera cantábrica son por lo general de curso corto y de aguas bastante rápidas; esto, unido a la cercanía de las zonas de costa y las grandes pendientes en desnivel, hace que las especies

Salmón

Trucha

Anguila

más abundantes sean el salmón, el sábalo y la anguila. Al sur de la cordillera el carácter completamente distinto de las aguas hace variar las especies.

En general, las especies más pescadas en los ríos de Cantabria y más apreciadas por su calidad y su sabor son la trucha común, con poblaciones completamente salvajes, y el salmón atlántico, este último especialmente en Asón, Pas, Nansa y Deva, donde se sigue celebrando la captura del *campanu* o primer salmón que se pesca en los ríos cántabros (tal y como sucede en Asturias) al comienzo de la campaña. El *campanu* recibe este nombre porque, antaño, cuando se pescaba el primer salmón, las iglesias hacían repicar sus campanas para dar a conocer el hecho. El carácter excepcional de la pieza hace que en subasta pública alcance unos precios de venta realmente altos.

No queremos cerrar este apartado sin hacer una mención especial a un molusco, en este caso de tierra, que se puede saborear en suelo cántabro, pero también se puede llevar preparado en conserva: los caracoles. Guisados a la cántabra llevan jamón, chorizo, ñoras, cebolla, ajo, pimentón, tomate, nueces, guindilla, aceite y sal. Una receta sabrosa y que dicen que tiene su secreto en una prolongada cocción a fuego lento.

Dorada

Centollo

Percebes

Boquerones

Besugo

Navajas

Merluza con almejas

PARA 4 PERSONAS
DIFICULTAD: MEDIA
TIEMPO: 1 HORA Y 15 MINUTOS

Ingredientes:

8 lomos de merluza sin espinas
350 g de almejas
200 g de guisantes cocidos
1 cebolla
3 dientes de ajo
1 cucharadita de harina
200 ml de caldo de pescado
2 ramitas de perejil
aceite de oliva
sal

Preparación:

- Dejar las almejas en un recipiente con agua y sal durante al menos 30 minutos para que suelten la tierra que puedan tener. Después, escurrirlas y reservar.
- Mientras tanto, pelar los dientes de ajo y cortarlos en láminas. Pelar y picar la cebolla.
- Calentar aceite en una cazuela y echar la cebolla y los ajos. Cuando empiece a dorarse, añadir la harina y remover.
- Una vez que la harina empiece a coger color, añadir el caldo y dejar hervir unos minutos.
- Incorporar los lomos de merluza ligeramente salados y con la piel hacia arriba. Añadir los guisantes y cocer durante 5 minutos.
- Agregar las almejas a la cazuela y taparla para que se abran.
- Añadir el perejil picado y remover con cuidado para que se mezclen bien los ingredientes.
- Apagar el fuego, dejar reposar unos minutos y servir caliente.

Pastel marinero

PARA 4 PERSONAS
DIFICULTAD: MEDIA
TIEMPO: 1 HORA Y 30 MINUTOS
(MÁS EL TIEMPO DE REPOSO)

Ingredientes:

500 g de rape
500 g de mejillones
300 g de gambas
300 g de arroz
6 hojitas de lechuga
1 cebolla
2 dientes de ajo
50 ml de aceite de oliva
6 cucharadas de salsa de tomate
6 cucharadas de mayonesa
1 hoja de laurel
sal

Preparación:

- Pelar la cebolla y los dientes de ajo.
- Limpiar las gambas. Limpiar y raspar los mejillones.
- Lavar las hojas de lechuga y cortarlas en tiritas.
- Limpiar el rape y cocerlo 15 minutos en agua con sal, la hoja de laurel, la cebolla partida en dos y los dientes de ajo.
- Espumar varias veces durante la cocción. Retirar el rape, desmenuzarlo y reservarlo.
- En la misma agua, cocer las gambas y luego abrir los mejillones.
- Pelar las gambas y sacar los mejillones de sus valvas. Reservar.
- Filtrar el agua de cocción y cocer en ella el arroz 20 minutos. Escurrirlo y mezclarlo con la salsa de tomate.
- Untar con aceite o mantequilla un molde y formar una base con la mitad del arroz; repartir encima el rape desmenuzado, extender una capa ligera de mayonesa y cubrir con el resto del arroz.
- Introducir el pastel en el horno 10 minutos a temperatura moderada.
- Cuando esté cocido, sacarlo del horno y dejarlo reposar 1 hora antes de desmoldarlo sobre una fuente.
- Cubrir el pastel con el resto de la mayonesa y disponer alrededor las tiritas de lechuga. Decorar por encima con las gambas y los mejillones y servir.

Merluza con alme

Besugo en escabeche

PARA 4 PERSONAS

DIFICULTAD: MEDIA

TIEMPO: 45 MINUTOS (MÁS EL TIEMPO DE MACERACIÓN)

Ingredientes:

1 besugo de 1 kg
1 limón
200 ml de aceite
200 ml de vinagre
4 hojas de laurel
1 cucharada de pimentón
sal gorda
sal fina

Preparación:

- Limpiar y descamar el pescado.
- Poner el besugo en sal 24 horas antes de la preparación; después eliminar la sal, eliminar la espina y cortarlo.
- Calentar el aceite en una sartén y freír los trozos de besugo.
- Disponer el pescado doradito en una fuente honda y esparcir por encima las hojas de laurel troceadas.
- Verter el aceite en un cazo y mezclarlo con tres vasitos de agua, el vinagre, el pimentón y una pizca de sal.
- Poner a hervir la mezcla a fuego suave y añadir el limón cortado en rodajitas.
- Dejar reposar el escabeche y cuando se haya entibiado, cubrir con él el besugo.
- Tapar la fuente y dejar escabechar el pescado durante 6 días antes de consumirlo.

Bonito a la vinagreta

PARA 4 PERSONAS

DIFICULTAD: BAJA

TIEMPO: 45 MINUTOS

Ingredientes:

1 kg de bonito o atún
1 cebolla
1 tomate
el zumo de 1 limón
1 huevo
1 diente de ajo
50 ml de aceite de oliva
2 cucharadas de vinagre
2 ramitas de perejil
1 hoja de laurel
pimienta blanca
sal

Preparación:

- Pelar el diente de ajo. Pelar la cebolla y cortar la mitad en juliana fina y la otra mitad en trozos medianos. Picar una ramita de perejil.
- Cortar el tomate en rodajas finas y reservar.
- Cocer el huevo en un cazo con agua durante 12 minutos, pelarlo y picarlo.
- Limpiar el bonito y cocerlo ligeramente en poca agua y a fuego suave.
- Una vez cocido, cortarlo en rodajas y colocarlas en una cazuela de barro.
- Cubrirlas con agua y añadir la cebolla cortada en trozos medianos, el diente de ajo, una ramita de perejil entera, el zumo de limón, el laurel y sal.
  Cocerlo todo 10 minutos a fuego moderado.
- Dejar reposar y cuando el bonito esté tibio, escurrirlo y disponerlo en una fuente.
- Mezclar en un cuenco el aceite, el vinagre, la cebolla cortada en juliana y el perejil picado; salpimentar.
- Agregar el huevo duro picado a la vinagreta y verterla sobre el bonito.
- Por último, decorar con las rodajas de tomate y servir.

sugo en escabeche

Chicharro a la montañesa

PARA 3 PERSONAS
DIFICULTAD: MEDIA
TIEMPO: 1 HORA

Ingredientes:

3 chicharros
50 ml de vino blanco
1 cucharada de vinagre
1 cucharadita de pimentón dulce
2 dientes de ajo
1 cebolla
1 limón
1 ramita de perejil
2 cucharadas de pan rallado
aceite de oliva
sal

Preparación:

- Precalentar el horno a 180 °C.
- Limpiar y lavar los chicharros. Hacerles unos cortes en el lomo y salarlos.
- Cortar el limón en rodajas y luego estas por la mitad. Picar el perejil muy fino.
- Introducir en los cortes del pescado las rodajas de limón y echar por encima de los chicharros los dientes de ajo picaditos y parte del perejil. Dejar reposar así el pescado un rato para que coja el sabor.
- Echar en una fuente para horno tres cucharadas de aceite de oliva. Disponer sobre el aceite la cebolla pelada y cortada en aros finos.
- Colocar el pescado sobre la cebolla, espolvorearlo con el pan rallado y con el resto del perejil. Introducir la bandeja en el horno y asar los chicharros 20 minutos. Sacarlos del horno y reservar.
- En una sartén calentar dos cucharadas de aceite y añadir el pimentón, el vinagre y el vino; cocer unos minutos. Verter la mezcla caliente sobre los chicharros y meter la bandeja de nuevo al horno unos 5 minutos.
- Sacar el pescado del horno y servirlo caliente.

Guiso de merluza con patatas

PARA 4 PERSONAS
DIFICULTAD: MEDIA
TIEMPO: 1 HORA Y 30 MINUTOS

Ingredientes:

4 filetes de merluza medianos
8 patatas pequeñas
2 cebollas
4 dientes de ajo
2 puerros
1 manojito de perejil
200 g de tomate frito casero
caldo de pescado
1 huevo
harina para rebozar
aceite de oliva
sal

Preparación:

- Pelar las cebollas y picarlas muy finas.
- Poner a calentar una sartén honda con un buen chorro de aceite. Cuando esté caliente, echar la cebolla picada y rehogarla hasta que tome color.
- Lavar y picar el puerro. Pelar y picar los dientes de ajo. Añadir todo a la cebolla ya pochada y rehogar 5 minutos más.
- Pelar las patatas, cortarlas en dados medianos y añadirlas a las otras verduras.
- Remover y agregar el tomate. Cubrir todo con caldo de pescado, rectificar de sal, tapar la sartén y dejar cocer unos 30 minutos.
- Limpiar la merluza, lavarla, secarla y cortarla en trozos. Reservar.
- Batir un huevo en un cuenco.
- Rebozar la merluza en harina y pasarla después por el huevo batido.
- Poner una sartén al fuego con aceite y cuando esté caliente, freír el pescado.
- Pasado el tiempo de cocción de las verduras, incorporar la merluza frita y dejar cocer 5 minutos más.
- Servir el guiso espolvoreado con perejil picadito.

Chicharro a la montañesa

Las anchoas

Si hay un protagonista dentro de los productos típicos de la gastronomía cántabra es sin duda alguna la anchoa. Y aunque son varias las razones, hay una que es aplastante: la calidad del pescado capturado en las aguas del Cantábrico.

El origen de las conserveras de anchoas cántabras está en Italia, concretamente en Sicilia, ya que de allí llegó una de las primeras familias que a finales del siglo XIX se instalaron en Cantabria para producir anchoas en conserva, los Orlando Gusimano, de Terrasini. Por otra parte, el primer salazonero italiano llegado a Santoña fue Giovanni Vella Scaliota, que además tuvo la genial idea de inventar en 1883 los filetes de anchoas en aceite. En el año 1900, con el producto ya mejorado, construyó su primera fábrica en Santoña. Por eso quizás es esta localidad la que posee las anchoas en conserva con mayor fama en todo el territorio nacional.

Un antiguo salazonero italiano

En Cantabria a los boquerones se les llama «bocartes».

Aunque este pescado en crudo se llama «bocarte», cuando se consume en vinagre se convierte en sabrosos boquerones, y si en cambio se pone en salmuera, se obtiene como resultado las ricas anchoas.

Los bocartes tienen el cuerpo alargado, sobre todo la cabeza, con un hocico superior prominente. La longitud de la boca es muy grande y los dientes son pequeños. El color del dorso es azul verdoso fuerte y los flancos y el vientre son plateados, lo que le proporciona un buen camuflaje. Su estructura corporal le protege de los depredadores según estén situados: si están sobre él, el color oscuro del lomo le confunde con el fondo; si están debajo de él, el abdomen blanco lo camufla contra el resplandor del cielo.

Los bocartes antes de convertirse en anchoas.

El proceso de transformación del bocarte en anchoa es bastante laborioso. Tras su captura durante los meses de otoño y primavera, al llegar a las conserveras el pescado se deposita en grandes bañeras de sal durante tres horas para «enderezar» las piezas. Tras su paso por estas bañeras es necesario eliminar las partes del pescado que no se consumen,

En las fábricas de conservas de anchoa se mantienen las más estrictas normas de higiene.

Las sabrosas anchoas de Santoña se pueden degustar de mil maneras.

como la cabeza. Después de limpiarlo se mete en unos bidones grandes que se rellenan con sal gorda. Encima de estos depósitos se colocan unas grandes pesas que facilitarán el prensado, cuyo fin es eliminar toda la grasa que tiene el pescado. Tras un tiempo aproximado de ocho meses en esos recipientes, manualmente se eliminarán las espinas, la sal y cualquier otro resto que hubiera quedado en el pescado en su primera fase de limpieza. Es entonces cuando las piezas están ya listas para envasarlas. Este proceso se realiza a mano, sumergiendo los filetes ya secos y limpios en una cantidad justa de aceite.

as anchoas se omercializan en latas en tarros de cristal.

Para su conservación, hay que tener en cuenta que los filetes de anchoa son una semiconserva, lo que implica que no se han sometido al proceso de esterilización, tal y como sucede con otras conservas, pues el calor los estropearía. Por ello es necesario almacenar las anchoas en lugares muy frescos o en el frigorífico, entre 5 y 15 °C. Además es importante consumirlas en un periodo no superior a ocho meses desde su fecha de envasado.

La importancia de este producto hace que cada año, desde hace ya más de diez, en Santoña se celebre en el mes de mayo la Feria de la Anchoa y la Conserva de Cantabria, que tiene entre sus principales objetivos mostrar al visitante las excelencias de este manjar cántabro. En la feria, además de degustaciones de los productos que los expositores ofrecen, tienen lugar conferencias y actos culturales diversos.

La calidad y singularidad de este producto hace que, al igual que ha sucedido con otros alimentos cántabros, se trabaje por obtener un sello de calidad controlada y una indicación geográfica protegida (IGP) para la anchoa del caladero del Cantábrico.

Ensalada de pimientos y anchoas

PARA 4 PERSONAS
DIFICULTAD: BAJA
TIEMPO: 1 HORA Y 15 MINUTOS

Ingredientes:

2 pimientos rojos
16 anchoas en conserva
½ cebolla
aceitunas
1 diente de ajo
3 cucharadas de aceite de oliva
1 cucharada de vinagre
sal

Preparación:

- Precalentar el horno a 180 °C.
- Lavar los pimientos y sazonarlos con sal. Con ayuda de una brocha, pintarlos con aceite y disponerlos en una fuente para horno.
- Asarlos durante 1 hora, dándoles la vuelta a medida que se vayan dorando.
- Una vez que estén asados, pelar los pimientos, quitarles las semillas y cortarlos en tiras no demasiado anchas.
- Repartirlos en los platos junto con las anchoas. Añadir también la cebolla cortada en aros finos y las aceitunas.
- Preparar una vinagreta mezclando tres cucharadas de aceite de oliva, una cucharada de vinagre, el diente de ajo pelado y picado, y una pizca de sal. Remover hasta que quede bien emulsionada.
- Servir la ensalada acompañada por la vinagreta.

Bocartes con ajo y pimentón

PARA 4 PERSONAS
DIFICULTAD: MEDIA
TIEMPO: 30 MINUTOS

Ingredientes:

500 g de bocartes (boquerones)
1 guindilla
1 cucharadita de pimentón dulce
4 dientes de ajo
1 ramita de perejil
50 ml de aceite de oliva
sal gorda
sal fina

Preparación:

- Limpiar los bocartes quitándoles la cabeza y los intestinos. Lavarlos a conciencia y dejarlos reposar en sal gorda para que escurran bien el agua.
- Pelar los dientes de ajo y cortarlos en láminas.
- Poner una sartén al fuego con el aceite de oliva. Cuando esté caliente, echar los ajos laminados y dejar que se doren a fuego lento.
- Una vez dorados, añadir el pimentón y la guindilla troceada. Remover rápidamente para que se mezcle todo bien. Procurar que el aceite no se queme; si fuera necesario, bajar el fuego.
- Espolvorear los bocartes con perejil picado y añadirlos a la mezcla de la sartén. Dejarlos cocer 5 minutos, sin que se quemen.
- Retirar del fuego, espolvorear con sal fina y servir.

Ensalada de pimientos y ancho…

Los quesos de Cantabria

La notoriedad de la ganadería cántabra, asociada a la frescura de los pastos de sus distintas regiones, hace que la leche de Cantabria sea la materia prima ideal para la elaboración de sabrosos y nutritivos quesos.

En España contamos con once denominaciones de origen para el queso, de las que tres se quedan en tierras de Cantabria: quesucos de Liébana, queso nata de Cantabria y queso picón Bejes-Tresviso.

En el año 962 aparece la primera mención a los quesos cántabros en el cartulario de Santo Toribio de Liébana, donde queda recogido, junto con varios animales, como objeto de trueque a cambio de unas tierras, algo que parece que era muy habitual en esa época.

Elaboración del queso Río Deva, en Camaleño, Liébana

Quesucos de Liébana

Sin duda alguna, los más populares son los quesucos de Liébana; aunque son de pequeño tamaño, su sabor es muy característico. Su origen está en que lo agreste del terreno hacía que la elaboración de quesos por parte de los pastores fuera la forma más sencilla de conservar la leche para que no se estropease. En la actualidad estos quesos se elaboran con mezcla de leche de las distintas razas de cabra, vaca y oveja de la zona, concretamente de los municipios de Potes, Pesaguero, Cabezón de Liébana, Camaleño, Cillorigo de Liébana, Tresviso, Vega de Liébana y Peñarrubia. Muchos de estos quesos se ahúman con madera de enebro durante un día

Muestra de varios productos de la quesería Río Deva

o día y medio, lo que les da ese toque tan peculiar en el paladar que recuerda a los tiempos en que estas piezas eran elaboradas en la cabaña del pastor mientras este se encontraba en los pastos de montaña.

Ahumado de Áliva

Los quesucos ahumados son típicos del puerto de Áliva, Brez, Tanarrio y el valle de Camaleño. El queso ahumado de Áliva, cuya producción es limitada, es pequeño, de forma cilíndrica, con dibujos exteriores de cuadrados o rombos y con corteza color amarillo dorado en la que pueden aparecer, a veces, motas verdes, aunque en algunos casos puede llegar a ser marrón parduzco. La pasta de este queso es semidura, pero al corte resulta tierno, a veces con estrías que ponen en evidencia las capas con las que se fue llenando el molde. Es más bien graso y tiene un sabor suave y un poco dulce.

El hecho de que se elaboren con distintos tipos de leche hace que el uso de los quesucos en la cocina sea también distinto. En general, los ahumados son buenos para elaborar salsas, mientras que los frescos son mejores para emplearlos en repostería, en rellenos y masas, ya que en el horno funcionan bien.

Queso nata de Cantabria

Otra de las denominaciones de origen cántabras la tiene el queso nata de Cantabria. Se elabora a base de leche de vaca frisona. Es un queso de pasta prensada que tiene un periodo mínimo de maduración de siete días y cuya corteza es blanda, de color hueso. La pasta, del mismo color, está normalmente desprovista de ojos y tiene una textura sólida y cremosa.

El queso nata de Cantabria es originario de Vega de Pas, aunque su elaboración y producción se extiende por toda la provincia, quedando excluidas solamente las cuencas de los ríos Urdón y Cervera, y los municipios de Bejes y Tresviso.

Se puede degustar de muchas maneras, pero es sin duda un queso ideal para acompañar con frutos secos, como las avellanas o las nueces que crecen en los bosques cántabros; también resulta delicioso con unas cucharadas de miel de las distintas comarcas de Cantabria.

Para los paladares que aprecien más lo salado, una original forma de disfrutar de este queso nata de Cantabria es tomarlo en tortilla.

Elaboración de queso nata en las instalaciones de la quesería La Pasiega, en Peña Pelada

Picón Bejes-Tresviso

El queso picón Bejes-Tresviso es típico de los Picos de Europa. Se produce en el valle de Liébana, concretamente en Potes, Pesaguero, Cabezón de Liébana, Camaleño, Cillorigo de Liébana, Peñarrubia, Tresviso y Vega de Liébana. Cuenta la tradición que al rey Pelayo, después de vencer en la batalla de Covadonga, le regalaron uno de estos quesos picones y era tan grande la pieza que tuvo que valerse de un carro para llevársela. Para agradecer este rico presente, el rey convirtió en nobles a los donantes del preciado manjar.

Lo más llamativo de este tipo de queso azul es que, tras ser elaborado con distintas proporciones de leche de vaca, oveja y cabra, se madura en cuevas naturales de caliza a una altitud de entre 500 y 2.000 m. Tiene forma cilíndrica y su corteza es delgada, gris y con zonas amarillo-verdosas. Está hecho de una pasta untuosa, compacta y con ojos, de color blanco con zonas y vetas de color azul verdoso. Tal y como indica su nombre, el sabor de este queso resulta levemente picante. A menudo se vende envuelto en hojas de plágano (arce), que de alguna manera visten ese color grisáceo con el que sale de las cuevas. En la cocina, por su untuosidad, el picón Bejes-Tresviso es muy utilizado en la elaboración de todo tipo de salsas, pues combina con gran variedad de alimentos. Se emplea especialmente con carnes: el entrecot de buey cántabro con salsa de queso picón es un plato muy habitual en los restaurantes de la zona. A quien le guste innovar, puede atreverse con un rico pudin de queso picón.

Valderrible y Campoo

Además de los quesos con denominación de origen, en Cantabria también es recomendable catar algunas otras variedades que se elaboran en la zona, como es el caso del Valluco de Valderredible, un queso artesano puro de leche de oveja; o el queso pasiego, una variedad de queso fresco, no prensado, con un característico olor a leche; o también el de Campoo de los Valles, elaborado con leche de vaca, oveja y cabra por separado o mezcladas entre sí.

Cóbreces

En Cóbreces los monjes cistercienses hacen en su monasterio un queso de pasta prensada semicurada, de olor penetrante y sabor agradable, ligeramente salado y con forma cilíndrica, con la corteza grabada con cincho. También lo hacen de barra, similar a un queso nata de Cantabria, pero de tamaño pequeño.

Lebeña

Y no podemos olvidarnos, para finalizar, del queso de Lebeña, con un agradable olor y un sabor ideal para degustar en cualquiera de los restaurantes cántabros.

Las vacas que pastan en el entorno natural de los Picos de Europa producen una leche de una calidad insuperable.

Paletilla de cordero lechal con quesuco

PARA 4 PERSONAS
DIFICULTAD: MEDIA
TIEMPO: 1 HORA

Ingredientes:

2 paletillas de cordero lechal
100 g de quesuco de Liébana ahumado
1 ramita de cebollino fresco
250 ml de caldo de carne
100 ml de leche
pimienta blanca
sal

Preparación:

- Limpiar las paletillas de cordero, salpimentarlas y asarlas en el horno precalentado a 200 °C durante unos 40 minutos.
- Cuando estén en su punto, sacarlas del horno, dejarlas enfriar un poco y deshuesarlas.
- Preparar la salsa aplastando con el tenedor el queso hasta que quede hecho una pasta.
- Echar en un cazo el caldo de carne y, cuando empiece a hervir, añadir el queso, la leche, un poco del jugo de cocer la carne, un poco de pimienta y una pizca de sal.
- Dejar reducir un poco y pasar la salsa por el chino.
- Disponer la carne en una fuente, echar la salsa de queso por encima y adornar con cebollino picado.

Canapés de Tresviso

PARA 4 PERSONAS
DIFICULTAD: BAJA
TIEMPO: 20 MINUTOS

Ingredientes:

200 g de queso picón Bejes-Tresviso
150 ml de leche
8 rebanadas gruesas de pan de molde
50 g de mantequilla
1 manzana verde
1 ramita de apio
4 rabanitos

Preparación:

- Echar en un cuenco el queso, la leche y la mantequilla. Batir todo con un tenedor o con la batidora hasta obtener una pasta.
- Recortar las rebanadas de pan con un molde redondo y ponerlas a tostar, bien en el horno o en una tostadora, hasta que se doren.
- Untar los círculos de pan con una buena capa de la pasta de queso y colocar encima unas rodajas finitas de rábano, otras de apio y terminar con unas laminitas de manzana verde.

Paletilla de cordero lechal con quesu

Espinacas a la crema de queso nata

PARA 4 PERSONAS
DIFICULTAD: MEDIA
TIEMPO: 1 HORA

Ingredientes:

500 g de espinacas
50 ml de aceite de oliva
100 g de queso nata de Cantabria
4 huevos
1 diente de ajo
½ cebolla
pimienta
sal

Para la besamel:

75 g de harina
30 g de mantequilla
250 ml de leche
nuez moscada

Preparación:

- Poner a hervir en una olla abundante agua con un poco de sal.
- Añadir al agua el aceite, el diente de ajo y la media cebolla pelada y troceada. Echar en el agua las espinacas después de lavarlas y quitarles los tallos más gruesos.
- Mientras se cuecen las espinacas, preparar la besamel.
- Tamizar la harina antes de usarla para evitar que se formen grumos.
- Poner en un cazo a calentar la leche. En otro cazo derretir la mantequilla a fuego muy lento para que no se queme. Cuando esté fundida, añadir la harina y dejarla cocer hasta que coja color.
- A continuación, agregar la leche poco a poco, sin dejar de remover con una espátula de madera o unas varillas, hasta que la salsa tenga una consistencia cremosa.
- Sazonar con una pizca de sal y un poco de nuez moscada rallada.
- Una vez cocidas las espinacas, escurrirlas y mezclarlas bien con la besamel; salpimentar y añadir más nuez moscada si se desea.
- Repartir las espinacas en cazuelitas de barro individuales y rallar el queso sobre ellas.
- Hacer un hueco en el centro de cada cazuela, cascar un huevo en él y añadir una pizca de mantequilla. Meter las cazuelitas en el horno precalentado a 170 °C durante unos 10 minutos.
- Servirlas calientes.

La destilación en alquitaras de cobre recuerda a los tiempos de los alquimistas.

El orujo de Potes

Orujo de Potes es el nombre que recibe el sabroso aguardiente que se elabora en la comarca de Liébana. El origen de su producción data de la Alta Edad Media, tal y como atestiguan los datos encontrados en los cartularios de diversos monasterios de esta comarca cántabra.

Lo mismo que sucedía con otros productos, el orujo se acabó convirtiendo en moneda de cambio, además de ser objeto de disfrute para el consumo particular. No debemos olvidar que hasta hace poco, concretamente hasta antes de que se etiquetaran las botellas y se cobraran impuestos por su venta, cada casa lebaniega hacía y consumía su propio orujo.

En Cantabria se sigue elaborando el orujo tal y como se hacía antaño, manteniendo la receta original, que ha pasado de generación en generación hasta llegar a nuestros días.

Las características de esta comarca permitieron que los romanos plantaran aquí numerosas viñas. A partir de ese momento, junto con el nacimiento del vino se plantó la semilla que daría origen a su orujo, una bebida espirituosa pero de sabor dulce y refinado aroma, lo que la convierte en una ex-

La uva mencía es una de las variedades que se emplea para el orujo.

cepcional aliada para la digestión de los potentes platos cántabros.

El proceso de fabricación del orujo puede durar alrededor de unas doce horas. Se elabora a partir de los hollejos, raspones

Viñas y naves de la empresa Orulisa

Alquitaras en la sala de destilación de Orulisa, en Liébana

y pepitas, lo que se denomina «el brujo»; se trata de los restos que quedan tras pisar la uva para obtener el mosto que más tarde dará lugar al vino. El resto del proceso se realiza en una alquitara, un recipiente de origen árabe realizado en cobre y en el que se destila la bebida. El procedimiento es el siguiente: se coloca la alquitara cargada de brujo sobre un buen fuego; los vapores etílicos suben por la chimenea de la alquitara hasta llegar a la parte superior; allí, el agua dispuesta a tal efecto hace las veces de enfriador, condensando los vapores y consiguiendo que mane el líquido por una pipeta hasta una garrafa: y ahí está el orujo. La graduación de la bebida vendrá dada por la destreza del destilador: será más fuerte el líquido cuando la llama sea apurada y más suave si se elabora a fuego lento. Tradicionalmente, el orujo más fuerte se hacía para la casa del que lo

La recogida de la uva sigue siendo un duro trabajo manual.

Al amante de esta bebida le resultará difícil elegir entre la gran variedad de orujos.

producía, y para regalar se elaboraba uno más suave. En la actualidad el control sobre las bebidas hace que la graduación sea de unos 40°.

El orujo se puede tomar en distintas variedades: el orujo blanco, el orujo con miel o el té del puerto con orujo. Con la comercialización del producto han empezado a aparecer otras variantes elaboradas a partir de él, como es el caso de orujo con café, el orujo con manzana, la crema de orujo, etc.

En el mercado cántabro se puede encontrar una larga lista de marcas de orujo, entre ellas El Tarugu, El Traviesu, El Coterón, Mariano Camacho, Valle de Bedoya, Sierra del Oso, Diosa Anjana, Picos de Cabariezo, Diosanjana, Peñasagra o El Marrubio.

La Fiesta del Orujo se celebra cada año en Potes el segundo fin de semana de noviembre. Se organizó por primera vez en el año 1984, pero la aprobación en 1986 de la Ley de Destilado, que prohibía el uso de alquitaras no registradas, hizo que dejase de celebrarse durante nueve años. Desde 1994 y gracias a una prerrogativa especial, la fiesta volvió a celebrarse hasta la actualidad.

La finalidad de esta fiesta es exaltar el producto y degustar el orujo que se produce en la comarca. Cada año, además, se galardona a uno o varios personajes como «orujeros mayores», serán ellos los encargados de leer el pregón y participar activamente en el festival con conferencias y, sobre todo, con el encendido de las alquitaras.

Las pipetas de las alquitaras transportan el orujo.

Durante el transcurso de las fiestas se lleva a cabo un concurso de aguardientes y al final se otorga la Alquitara de Oro a la marca que haya producido el mejor orujo del año.

Rodaballo al orujo

PARA 4 PERSONAS
DIFICULTAD: MEDIA
TIEMPO: 30 MINUTOS

Ingredientes:

4 filetes de rodaballo
400 ml de caldo de pescado
1 cebolla grande
1 puerro grande
150 ml de orujo
100 ml de nata líquida
pimienta rosa en grano
aceite de oliva
perejil picado
sal

Elaboración:

- Poner al fuego una cazuela con un poco de aceite de oliva y rehogar la cebolla pelada y picada junto con el puerro limpio y picado fino.
- Cuando la cebolla comience a dorarse, agregar la pimienta previamente machacada. Remover, añadir el orujo y flambear el sofrito.
- A continuación, incorporar la nata líquida y dejar reducir un poco.
- Una vez reducida la mezcla, añadir el caldo de pescado, comprobar el punto de sal, remover y retirar la cazuela del fuego. Triturar el preparado hasta conseguir una salsa fina y pasarla por el chino; conservarla caliente.
- Poner una sartén al fuego con un chorro de aceite de oliva, marcar los filetes de rodaballo por ambos lados y sazonarlos al gusto.
- Servir el pescado acompañado con la salsa y espolvoreado con perejil picado.

En ruta por Cantabria

¿Quién no se queda impresionado con estos majestuosos paisajes que muestran la naturaleza de Cantabria en todo su esplendor?

En busca de historia, cultura, naturaleza y gastronomía

La región cántabra ha sido testigo de muchos y muy diversos momentos históricos. Esto hace que los vestigios de lo vivido sean abundantes y nos dibujen un territorio fértil en costumbres y tradiciones.

Desde los antepasados prehistóricos, pasando por los romanos, la etapa religiosa del Medievo, o la civil del Renacimiento —plagada de excelentes monumentos de arquitectura civil que reflejan la influencia cultural y el aporte económico de América gracias a los indianos— hasta nuestros días, Cantabria ha sabido mantener el esplendor de todo aquello que ha ido haciendo de ella lo que hoy es.

Su valor cultural reside en lo que ha ocurrido en sus tierras históricamente, pero también en el saber hacer de sus gentes, dueñas de un patrimonio histórico y cultural sembrado de grandes monumentos y sabias tradiciones que se han mantenido siglo tras siglo. Sin olvidarnos de la artesanía de las gentes del mar y del interior, que también forman parte de aquello que denominamos «patrimonio» de una región y del que Cantabria sabe mucho.

La peculiar orografía cántabra ha hecho que muchas de sus regiones permanecieran prácticamente aisladas de sus vecinos. Esta condición sirvió para mantener de forma arraigada modos de vida y tradiciones que hoy constituyen una de las mayores joyas de la cultura de esta provincia. Es por ello que, sin duda alguna, uno de los aspectos más interesantes de Cantabria es su rica etnografía, su mezcla de costumbres, modos de vida, tradiciones, leyendas, fiestas, etc. Una buena manera de conocer las riquezas del pueblo cántabro es visitar sus distintos museos etnográficos, como el de Cantabria (en Camargo), el de las Villas Pasiegas (en Vega de Pas), el

El río Asón forma espectaculares cascadas.

de Soba (en Veguilla de Soba), el de Villaverde de Trucíos o el Museo del Hombre y el Campo, en San Vicente de Toranzo.

Del esplendor cántabro ha sido también responsable en buena parte la naturaleza. Cantabria es un paraíso para todos aquellos que sientan devoción por la montaña y por los parajes naturales. Nada como sus paisajes para disfrutar de estupendas caminatas en las que perderse entre árboles y montañas por rutas que nunca hubiéramos imaginado.

Resulta difícil escoger recorridos o rutas en un lugar donde el paraje es, además de tan hermoso, tan variado. Podríamos empezar realizando cualquiera de las rutas que nos permiten conocer el Parque Natural de los Collados del Asón, situado dentro de lo que fue el conjunto glaciado de la montaña oriental cántabra. Una de las rutas recomendables de la zona es la de Collados del Asón - Brenavinto - Cabaña del Pozo - Hondojón - Collados del Asón a través de la cual recorreremos una interesante zona de arboleda, como es el caso del bosque mixto del Monte Llusías, el hayedo del Monte Busturejo o el gran conjunto de abedules situado en Sierra Helguera. Una ruta perfectamente indicada, de unas cinco horas a pie y con la que podremos disfrutar de las vistas y de la variedad de la flora y la fauna de las montañas cántabras.

Si el medio de transporte que escoge el viajero es la bicicleta, las rutas en la provincia de Cantabria son tan variadas como los niveles de dificultad. Para empezar con calma, se puede elegir la ruta que recorre el monte Cerredo desde Guriezo. Este monte es un impresionante macizo calcáreo situado junto a la costa, entre Oriñón y Castro Urdiales. Tanto la subida como el regreso por un camino junto al mar ofrecen estupendas vistas de la costa cantábrica, desde Bilbao hasta el monte Bu-

Maravillosos paisajes esperan al ciclista en los Picos de Europa.

ciero de Santoña. Los ciclistas experimentados pueden probar, por ejemplo, la ruta de los Puentes, en Ucieda. Si su visita a Cantabria coincide con el otoño, el viajero-ciclista disfrutará del espectáculo de color de la arboleda caducifolia, en la que se entremezclan miles de tonalidades en las hojas del espeso bosque de los montes de Ucieda. Esta ruta sigue el sendero de los puentes, también conocido como «sendero de los árboles singulares» o «senda de Olar». Se pasan varias horas casi sin salir del bosque, alternando frecuentes subidas y bajadas.

Otoño es la estación ideal para visitar la comarca de Valles Pasiegos.

Gastronómicamente hablando, como hemos estado viendo, Cantabria es también una comunidad privilegiada, pues el hecho de tener zona costera y zona de interior le permite al viajero el disfrute de manjares de mar y tierra. A pesar de que está ricamente influenciada por la cocina asturiana y también por la vasca, la cocina cántabra conserva una serie de peculiaridades que la hacen única y que a su vez han influido en toda la gastronomía española; tanto es así, que cuentan que Estrabón, el historiador, hablaba hace ya unos dos mil años del «curioso hábito de los salvajes cántabros de comer mantequilla». Es característico también desde el siglo XIII en Cantabria el uso del aceite de oliva, que no se haría común en el resto de España hasta el siglo XX.

Pueblos como Potes han conservado su característica arquitectura de montaña.

Cantabria es rica en pescados y mariscos. Tras tantos años dedicada a la vida marinera, esta comunidad es uno de los principales referentes en cuanto a productos del mar frescos, pero sobre todo en conserva. En Cantabria se puede degustar rape, merluza, lubina o lenguado, chicharro, sardina o caballa, salmonete, bonito, dorada, boquerón, cabracho, besugo... Nadie se puede ir de esta tierra sin probar las rabas de calamar o las anchoas en salazón.

La carne cántabra también es deliciosa, pues su ganadería dispone de unos maravillosos pastos verdes. La raza autóctona de vacuno es la tudanca, rústica y de aspecto primitivo, y aunque es productora de cremosa leche, actualmente se dedica a la producción de carne. También destaca la calidad de la carne de caza en Cantabria, pues la provincia goza de inmensos cotos en preciosos parajes donde es fácil encontrar perdices, venados, corzos o jabalíes.

La rica leche de su ganado hace que la tradición y fama repostera de Cantabria vaya cada día en aumento. De su mantequilla se alimentan los universales sobaos y las quesadas pasiegas, y también el hojaldre que se elabora en las diversas localidades cántabras, que luego recibe variados nombres y formas, aunque cuenta siempre con ese delicado sabor casero.

El viajero siempre encontrará un buen sitio para recuperar fuerzas...

Lentejas al estilo cántabro

PARA 4 PERSONAS

DIFICULTAD: BAJA

TIEMPO: 50 MINUTOS (MÁS EL TIEMPO DE REMOJO)

Ingredientes:

500 g de lentejas
1 chorizo
½ cebolla
1 diente de ajo
1 puerro
½ cucharada de harina
2 hojas de laurel
pimentón dulce
aceite de oliva
sal

Preparación:

- Poner en remojo las lentejas en un recipiente con abundante agua durante 12 horas.
- Escurrir las lentejas, echarlas en una cazuela y volver a cubrirlas con agua. Agregar la media cebolla pelada y picada, el puerro limpio y picado, el chorizo cortado en rodajas y las dos hojas de laurel. Poner todo a cocer durante 35 minutos.
- Una vez cocidas las lentejas, calentar aceite en una sartén y echar el diente de ajo pelado y troceado. Cuando esté doradito, añadir la harina y remover bien con una espátula de madera.
- Fuera del fuego, añadir a la mezcla pimentón y un poco del caldo de las lentejas; remover, dar un hervor y salar al gusto.
- Mezclar esta salsa con las lentejas y dejar cocer todo junto 5 minutos más.
- Servir caliente.

Calamares rebozados

PARA 4 PERSONAS

DIFICULTAD: MEDIA

TIEMPO: 45 MINUTOS (MÁS EL TIEMPO DE CONGELACIÓN Y DE MACERACIÓN)

Ingredientes:

200 g de calamar limpio
aceite de oliva
1 limón + 1 cucharadita de zumo
sal

Para el rebozado:
150 g de harina para tempura
cerveza fría
unas hebras de azafrán

Preparación:

- Congelar los calamares 48 horas antes de preparar la receta y sacarlos del congelador 24 horas antes de cocinarlos.
- Una vez descongelados, limpiar bien los calamares, quitándoles la piel y las tripas. Cortar las aletas en tiras y separar las patas. Trocear el cuerpo en anillas.
- Poner los trozos de calamar en un cuenco con un chorro de aceite, una cucharadita de zumo de limón y una pizca de sal. Dejarlos macerar en la nevera durante 1 hora. Remover los calamares varias veces.
- Una vez macerados, escurrir los calamares y conservar por separado el líquido.
- Para preparar el rebozado, verter la harina para tempura en un cuenco. Añadir la cerveza y el azafrán previamente tostado, majado y diluido en un poco de cerveza, para darle un toque de color al rebozado. Salar ligeramente.
- Batir la mezcla con un tenedor o unas varillas, teniendo cuidado de que no se formen grumos. Hay que procurar que el rebozado tenga una textura espesa pero untosa, de manera que se quede bien pegado a la superficie de los calamares.
- Cuando el rebozado esté listo, sumergir en él los calamares. Remover para que se impregnen bien.
- Poner una sartén al fuego con abundante aceite y cuando esté bien caliente, freír los calamares cubiertos de rebozado.
- El tiempo de fritura debe ser corto: lo justo para que se endurezca el rebozado y se dore un poco, pero no mucho para que no se reseque el calamar y se ponga duro.
- Ir disponiendo los calamares sobre papel de cocina para eliminar el exceso de grasa.
- Cuando estén todos fritos, servirlos en una fuente acompañados con unas cuñas de limón.

Impresionantes formaciones rocosas se alzan alrededor del parador de Fuente Dé.

Paradores de Cantabria

Como en otras muchas zonas de España, también encontramos en Cantabria un nutrido grupo de paradores nacionales de turismo. Estos hoteles, que están ubicados en construcciones históricas como castillos, palacios, conventos, casas señoriales o en entornos naturales únicos, se reparten por distintas localidades cántabras para servir como lugar de reposo a muchos viajeros que se acercan a descubrir la provincia.

En esta comunidad autónoma se encuentran cuatro paradores: uno en Fuente Dé, otro en Limpias y dos más en Santillana del Mar.

Para los amantes de la montaña y el buen gusto es recomendable el alojamiento en el parador de Fuente Dé, construido junto a los Picos de Europa y que hace de balcón al valle de Liébana. Se sitúa junto a la base del teleférico que sube al mirador de Áliva y que salva casi 800 m de desnivel en apenas cuatro minutos de vertiginosa subida. A 1.874 m de altitud, el mirador tiene una vista impresionante sobre Liébana y, si el día es claro, se puede contemplar incluso el horizonte de León, Palencia y Asturias.

Llegar hasta el parador de Fuente Dé no es fácil, ya que antes de encontrarlo hay que atravesar el angosto desfiladero de la Hermida, unos 20 km de estrechas paredes laterales circulando a velocidad lenta que hacen del camino toda una experiencia, con unas vistas impresionantes.

El desfiladero de la Hermida

El edificio, que es grande, está construido en piedra y madera, pero se ve minimizado por el fuerte impacto que supone la grandiosidad del paisaje que lo rodea.

Las diez habitaciones del edificio inicial fueron ampliadas hasta setenta y siete en la década de 1970. Son amplias y, además de espectaculares ventanas, escaparate a la naturaleza exterior, poseen esas fantásticas chimeneas que reconfortan a los montañeros en las tardes de invierno más duras. Los fanáticos del futbolín o del billar podrán disfrutar de estos juegos en el salón.

Este parador está decorado siguiendo el estilo montañés: muebles de madera y piel representan el gusto de las zonas de interior de la comunidad.

La cocina del parador de Fuente Dé se basa en la comida tradicional cántabra, con platos como cocido lebaniego o solo-

Habitación del parador de Fuente Dé

*cadilla
Liébana*

Desde el teleférico de Fuente Dé se pueden contemplar el valle y el parador.

millo al queso de Tresviso, lomo de lubina enroscada con tocino ibérico sobre salsa de marisco, cordero lechal asado con flores de tomillo, ensalada de gallo de corral escabechado sobre nicho de achicoria o lomos de venado con salsa de arándanos. De postre, espuma de té helado al aroma del orujo lebaniego.

Brocheta de rabas

Dormir en el elegante parador de Limpias nos brinda la oportunidad de probar los excelentes platos de su restaurante.

Otro de los paradores cántabros está en Limpias, situado en la finca del palacio de Eguilior, que fue estancia de verano del Consejo de Alfonso XIII. La finca de este lujoso palacete cuenta con una interesante variedad de árboles, algunos de ellos declarados incluso Patrimonio de la Humanidad, enmarcados en unos 55.000 m² de jardines.

De forma cúbica y con cuatro especies de torres, el de este parador no es un edificio demasiado elevado en altura. Llama la atención la mampostería de sus muros en contraste con los esquinales, además de los grandes balcones que posee. Jalona su entrada una original portada de corte modernista que nos recuerda en estilo a algunas de las zonas que adornan el interior.

Su decoración es toda una lección de estilo que va desde los muebles *art déco* hasta los últimos diseños contemporáneos, con toques de Alvar Aalto o Le Corbusier.

Los huéspedes que disfruten del deporte pueden practicarlo en la piscina de temporada del parador o en las pistas de tenis y *paddle* de las que dispone el recinto.

La gastronomía, al igual que en el resto de los paradores de Cantabria, es un factor altamente cuidado, ya que los restaurantes de estos alojamientos han de ser una excelente carta de presentación para cualquier visitante. Atendiendo a este aspecto, en el parador de Limpias es muy recomendable disfrutar de su arroz con anacanto y del guisote de pochas,

En Santillana del Mar encontramos el parador Gil Blas, situado en una antigua mansión y una ampliación de arquitectura más actual.

variedades de quesos y dulces como las famosas corbatas de Unquera, los sobaos pasiegos o las pantortillas de Reinosa. En Santillana del Mar, conocida como el «lugar de las tres mentiras», pues «ni es santa, ni es llana, ni tiene mar», se encuentran los otros dos paradores que tiene Cantabria. El parador de Santillana Gil Blas, de cuatro estrellas, recibe su nombre del mundo literario, ya que Santillana en pleno siglo XVIII se dio a conocer más allá de las fronteras españolas gracias a las andanzas de un pícaro neoclásico salido de la pluma del autor francés Alain-René Lesage en su obra *La historia de Gil Blas de Santillana*.

Este parador cántabro está situado en la vivienda que fue propiedad de la familia Barreda-Bracho, estirpe ilustre de Cantabria, y es una preciosa casona solariega de los siglos XVII-XVIII.

Desde el punto de vista arquitectónico, representa fielmente la construcción montañesa nobiliaria. Nos encontramos ante una sencilla fachada de sillería del siglo XVIII, con cuatro balcones de hierro forjado en los que nunca faltan las alegres flores de los geranios. Su decoración se compone de un sinfín de muebles de estilo montañés que hacen juego con las vigas vistas de madera. La piedra es otro de los materiales que predomina en el interior de este edificio con solera.

Como ampliación a la oferta de paradores en Santillana del Mar, a unos 500 m del parador Gil Blas se sitúa un nuevo establecimiento construido siguiendo la arquitectura tradicional de la región.

Jarrete de ternera

En el restaurante y el bar del parador de Santillana Gil Blas el viajero podrá disfrutar de los mejores platos cántabros, como es el caso de los cocidos montañés o lebaniego, el solomillo de añojo a la plancha, la merluza del Cantábrico sobre espárragos verdes y la quesada pasiega.

El parador de Santillana se encuentra en la plaza principal de la población, la plaza de Ramón Pelayo, rodeado de alguno de los edificios más característicos de la villa: la torre de Don Borja, la casa del Águila y la Parra, la torre de Merino y el propio Ayuntamiento de Santillana.

Este parador es un edificio de nueva construcción, concretamente una casona que reproduce la arquitectura típica de la zona y que está perfectamente integrada en el ambiente arquitectónico de esta histórica localidad. Lo más destacable de su fachada es una linda balconada hecha en madera oscura, siempre cubierta con flores en tonos rojizos.

La decoración interior es sencilla, predominando el color blanco y la madera, además de la sobriedad en el mobiliario, tanto en las zonas comunes como en las habitaciones. El parador de Santillana trabaja con los platos más tradicionales de la gastronomía cántabra, entre los que se encuentran el cocido montañés con sus ricas berzas, judías, costilla, morcillo, panceta, chorizo, morcilla...; o el sabroso solomillo de añojo a la plancha con salsa de Tresviso, la merluza en salsa cántabra, las almejas de Pedreña, la ensalada de anchoas, la ventresca del Cantábrico y, por supuesto, la siempre apetecible quesada pasiega.

Almejas a la marinera

PARA 4 PERSONAS

DIFICULTAD: BAJA

TIEMPO: 30 MINUTOS (MÁS EL TIEMPO DE REMOJO)

Ingredientes:

800 g de almejas
2 dientes de ajo
1 cebolla
40 ml de vino blanco
150 ml de agua
1 cucharada de harina
1 cucharadita de pan rallado
1 ramita de perejil
½ cucharadita de cayena
aceite de oliva
sal

Preparación:

- Dejar las almejas en un recipiente con agua y sal durante 2 horas para que suelten toda la arena que puedan tener. Después, escurrirlas y reservar.
- Poner aceite a calentar en una cazuela grande y no excesivamente alta.
- Cuando el aceite esté caliente, echar la cebolla previamente pelada y picada. Cuando la cebolla esté doradita, añadir los dientes de ajo pelados y picados.
- A continuación, agregar la harina y el pan rallado. Remover bien con una cuchara o una espátula de madera.
- Añadir las almejas y el vino blanco. Si la salsa queda demasiado espesa, agregar un poquito de agua. Añadir el perejil bien picadito y la cayena, que le dará un punto de picante al plato.
- Cocer con la cazuela tapada durante 10 minutos para que se abran las almejas. Rectificar de sal y servir caliente.

Centollo cocido

PARA 4 PERSONAS

DIFICULTAD: BAJA

TIEMPO: 40 MINUTOS

Ingredientes:

1 centollo entero de 1 kg
50 ml de aceite de oliva
3 cucharadas de vinagre
1 cucharada de vino blanco
1 hoja de laurel
sal

Preparación:

- Calentar abundante agua en una cazuela grande y añadir la hoja de laurel, sal y un chorro de aceite.
- Cuando rompa a hervir el agua, verter el vinagre, el vino blanco y el centollo.
- Cocerlo 15 minutos a fuego fuerte.
- Escurrir el centollo y, con cuidado, sacar la carne y las huevas; seguidamente, trocear la carne.
- Cortar las patas y reservarlas.
- Echar en el caparazón un poco de caldo de la cocción y reservar.
- Mezclar la parte pastosa del cuerpo con las huevas e introducir la mezcla en el caparazón. Diluirla con el caldo.
- Disponer en una fuente el caparazón relleno, la carne troceada y las patas. Servir.

Almejas a la mariner

Filete de ternera al queso de Tresviso

PARA 4 PERSONAS
DIFICULTAD: MEDIA
TIEMPO: 25 MINUTOS

Ingredientes:

4 filetes de ternera
250 g de queso picón Bejes-Tresviso
1 cucharada de harina
100 ml de nata líquida
50 g de mantequilla
pimienta
sal

Preparación:

- En primer lugar, preparar la salsa de queso. Para ello, fundir la mantequilla en un cazo. Una vez derretida, ir añadiendo la harina y removiendo constantemente para que se mezcle, con cuidado de que no se queme.
- Trocear el queso e ir incorporándolo poco a poco al cazo para que se vaya fundiendo y se integre en la salsa. La mezcla estará lista cuando se forme una crema totalmente homogénea.
- Añadir entonces la nata y salpimentar al gusto.
- Echar la salsa en una salsera y reservarla caliente.
- Salar los filetes y ponerlos en la plancha a temperatura alta. Hacerlos por ambas caras unos 3 minutos, dependiendo del grosor de la carne; deben quedar dorados por fuera y rosados por dentro.
- Retirar la carne de la plancha y ponerla en una fuente o en platos individuales. Echar la salsa de queso por encima.

Emparedados de Cantabria

PARA 4 PERSONAS
DIFICULTAD: MEDIA
TIEMPO: 20 MINUTOS (MÁS EL TIEMPO DE REPOSO)

Ingredientes:

10 rebanadas de pan de molde
150 g de jamón cocido (o 5 lonchas)
150 g de queso (o 5 lonchas)
2 huevos
aceite de oliva
500 ml de leche
sal

Preparación:

- Formar los emparedados poniendo una rebanada de pan de base, encima una loncha de jamón y otra de queso, y tapar con otra rebanada de pan. Cortar el emparedado en cuatro cuadrados.
- Repetir la misma operación con el resto del pan, el jamón y el queso.
- A continuación, colocar los emparedados bajo algo pesado y prensarlos durante 1 hora.
- Verter la leche en un cuenco grande y reservar.
- Batir los huevos con un poco de sal y reservarlos en otro cuenco.
- Calentar abundante aceite en una sartén grande y con el fuego fuerte.
- Liberar los emparedados del peso, mojarlos ligeramente en la leche y después en el huevo batido.
- Poner el fuego suave y freír los emparedados 3 minutos por cada lado; escurrirlos y servir.

ete de ternera al queso de Tresviso

SAN VICENTE DE LA BARQUERA
COMILLAS
SANTILLANA DEL MAR
SANTANDER
SANTOÑA
LAREDO
CASTRO URDIALES

La iglesia de Santa María de la Asunción, en Castro Urdiales.

El Camino de Santiago

El Camino de Santiago principal discurría por el norte de la meseta castellana. Pero además de este había otros caminos alternativos, entre los que destacaba el costero. Parte de su trazado discurría por las comarcas costeras de Cantabria, atravesando los principales núcleos de población de la costa, como Castro Urdiales, Laredo, Santander, Santillana del Mar y San Vicente de la Barquera. No hay más que fijarse en la gran cantidad de importantes edificios religiosos medievales, tanto románicos como góticos, que salpican estas tierras.

El Camino del Norte entra en Cantabria por El Haya de Ontón y se desvía hacia Baltezana y el alto de la Helguera, continuando por Otañes, Santullán y Sámano hasta llegar a **Castro Urdiales**. En esta villa se puede visitar la iglesia gótica de Santa María de la Asunción, en cuyo interior se encuentra la imagen de piedra policromada de Santa María la Blanca, también gótica. Es una de las imágenes más bellas de Cantabria, y de las más monumentales, puesto que mide 1,70 m de alto. Se encontró emparedada en la capilla de La Blanca, junto con tres tallas góticas del siglo XIV que representan a los Reyes Magos. La imagen de la Virgen data probablemente del siglo XIII. La iglesia de Santa María de la Asunción de Castro Urdiales fue la primera de estilo gótico en todo el litoral cántabro; se construyó bajo el patrocinio de Alfonso VIII, al igual que el precioso castillo-faro que domina el paseo marítimo. A su lado se encuentra la ermita de Santa Ana.

Se puede aprovechar la parada para probar dos de los platos más típicos de Castro Urdiales: el besugo y los caracoles. El itinerario prosigue pegado a la costa; cruza Campijo, Allendelagua, Cerdigo e Islares para llegar a la ría de Oriñón. Cruzando por el Pontarrón de Guriezo se inicia la ascensión del monte Candina, entre Gedo y Fermedal, hasta llegar al valle de Liendo. El camino continúa por Villaviad y Seña hasta llegar a **Laredo**. En el casco antiguo de Laredo, de origen medieval, concretamente en la parte alta, se si-

túa la magnífica iglesia gótica del siglo XIII de Santa María de la Asunción, patrona de la villa, otra de las más importantes del gótico cántabro. En ella destaca el retablo de la Virgen de Belén, obra del siglo XV y que es, según los entendidos, la más bella obra de escultura policromada de arte flamenco que hay en Cantabria, así como uno de los más llamativos conjuntos de este estilo en Europa.

Avanzando en su caminar, el viajero-peregrino llega a **Colindres**, donde se cruza la ría por el puente para continuar hacia Adal, Cicero, Bárcena y Escalante, y después hasta Santoña. Allí se puede visitar la iglesia de Santa María del Puerto, de estilo románico y gótico, levantada entre los siglos XIII y XVI. Formó parte de un monasterio benedictino

En Colindres se cruza la ría por el puente.

fundado posiblemente en el siglo VIII y que llegó a ser el centro del poder político y religioso de la comarca de Trasmiera.

Para recuperar fuerzas en este largo camino sería interesante pararse a degustar las salazones y conservas del municipio de Santoña: famosas son sus anchoas y sus sardinas, así como el bonito y, por supuesto, los deliciosos bocartes.

Para evitar cruzar la ría, el viajero se puede dirigir hacia la antigua Merindad de Trasmiera por Beranga, Anero, Agüero y

Unos ricos bocartes rebozados.

La colegiata de Santa Juliana, en Santillana del Mar

Pedreña. Finalmente, se llega a **Santander**, donde, además de visitar la catedral gótica de Santa María de la Asunción, es recomendable acercarse a la iglesia del Santísimo Cristo. La iglesia baja de la catedral es una cripta; se trata de una de las pocas edificaciones que quedaron en pie tras el incendio de 1941, lo que la convierte en el monumento más antiguo de la ciudad, pues data del siglo XIII. Su estilo se enmarca en una transición del románico al gótico burgalés. Y ya que está en la zona, el viajero puede encontrar interesante una visita al mercado del Este, un antiguo mercado de la capital en el que se reúnen diversos establecimientos con productos tradicionales de la gastronomía cántabra.

Avanzando por la ruta que marca el Camino de Santiago, se sale de Santander y se continúa hacia Peñacastillo, Santa Cruz de Bezana, Boo de Piélagos y Puente Arce. Pasados Miengo y Cuchía, se atraviesa el puente de Barreda y se avanza hasta llegar a **Santillana del Mar**. Allí se puede visitar la colegiata de Santa Juliana, donde, traídas por unos monjes, descansan desde el siglo IX las reliquias de esta santa. Con ermita y monasterio, y gracias al apoyo de los nobles, se convirtió en la abadía más importante de Cantabria en la Edad Media. La colegiata es el edificio más representativo de Santillana, además de la joya más valiosa del románico cántabro.

Para despedirse de Santillana y coger fuerzas para el camino, por qué no disfrutar de su rico bizcocho con leche.

Se sale de Santillana rumbo a Oreña, Novales, Cóbreces, Ruiloba y Comillas, para llegar desde ahí a la siguiente parada: **San Vicente de la Barquera**. Tras dar una vuelta por su castillo, se puede visitar la iglesia gótica de Santa María de los Ángeles. Fue construida entre los siglos XIII y XVI, posiblemente sobre otra iglesia anterior de origen románico. En su interior se hallan las tumbas de la familia Corro, en las que destaca la figura del inquisidor Antonio del Corro, que es una de las mejores piezas de escultura funeraria española renacentista.

Y si el viajero que peregrina por estos lares ya ha catado el exquisito sorropotún que preparan en San Vicente, podrá continuar camino hacia la última etapa, contemplando unos paisajes impresionantes y cruzando las rías de Tina Menor y Tina Mayor, que le permitirán despedirse del Camino de Santiago a su paso por Cantabria, que desde aquí se adentra ya en Asturias.

Preciosa vista de San Vicente de la Barquera, con la iglesia gótica de Santa María de los Ángeles

Garbanzos con bacalao

PARA 6 PERSONAS
DIFICULTAD: MEDIA

TIEMPO: 1 HORA Y 45 MINUTOS
(MÁS EL TIEMPO DE REMOJO)

Ingredientes:

500 g de garbanzos
2 manojos de acelgas
500 g de tomate triturado
200 g de bacalao desalado
8 dientes de ajo
2 rebanadas de pan
½ cucharadita de comino en polvo
1 hoja de laurel
1 cucharada de pimentón dulce
aceite de oliva
sal

Preparación:

- Poner los garbanzos en remojo en agua templada y dejarlos durante 12 horas.
- Escurrir los garbanzos, echarlos en una cazuela, cubrirlos con agua y cocerlos 40 minutos.
- Pasado este tiempo, lavar las acelgas, eliminar los tallos más gruesos, cortarlas en trozos y agregarlas a los garbanzos. Dejar cocer durante 40 minutos más o hasta que los garbanzos estén blandos. Después, escurrir y reservar los garbanzos con las acelgas y un poco del caldo de cocción por separado.
- Sofreír los dientes de ajo en una sartén con abundante aceite y retirarlos una vez dorados. En el mismo aceite, freír levemente las dos rebanadas de pan.
- Majar en el mortero los ajos fritos y el pan con el comino y el pimentón. Agregar al majado dos cucharadas del aceite de freír los ajos.
- Echar en el aceite que quede en la sartén el tomate triturado junto con el laurel y freírlo a fuego lento, añadiendo poco a poco el majado del mortero. Una vez frito el tomate, agregarlo a los garbanzos y las acelgas.
- Distribuir la mezcla en una cazuela de barro. Añadir el bacalao cortado en pequeños trozos y salar al gusto.
- Agregar unas cucharadas del caldo reservado y dejar cocer, a fuego lento, 5 o 10 minutos. Servir caliente y decorado al gusto.

Bocartes rellenos de anchoas

PARA 4 PERSONAS
DIFICULTAD: MEDIA
TIEMPO: 30 MINUTOS

Ingredientes:

12 bocartes (boquerones) de tamaño mediano
12 filetes de anchoa en conserva
1 huevo
2 pimientos verdes asados
1 limón
harina para rebozar
aceite para freír

Preparación:

- Limpiar los bocartes quitándoles la cabeza y la espina central. Lavarlos y dejarlos abiertos en una superficie inclinada para que escurran el agua.
- Escurrir el aceite de las anchoas en conserva y poner una en el centro de cada bocarte abierto. Cerrarlos sobre sí mismos con la anchoa dentro.
- Batir el huevo en un plato y disponer la harina en otro.
- Pasar los bocartes primero por harina y luego por huevo.
- Poner una sartén con aceite al fuego y freír los bocartes rebozados.
- Colocar los pescados fritos sobre papel de cocina para que suelten el aceite sobrante.
- Disponerlos en una fuente y servirlos acompañados de los pimientos.
- Servir acompañado con unas rodajas de limón.

Albóndigas de patata al vino

PARA 4 PERSONAS

DIFICULTAD: MEDIA

TIEMPO: 1 HORA Y 15 MINUTOS

Ingredientes:

1 kg de patatas
250 g de carne picada
200 g de harina
1 huevo
100 ml de vino blanco
150 g de salsa de tomate
300 ml de aceite
pimienta
sal

Preparación:

- Pelar, lavar y trocear las patatas.
- Sazonar la carne picada con sal y pimienta.
- Cocer las patatas en una olla con abundante agua y un poco de sal.
- Cuando estén cocidas, escurrir el agua y pasar las patatas por el pasapurés.
- Formar con el puré unas bolas con un hueco en el centro para poner después el relleno; reservarlas en una bandeja.
- Calentar un poco de aceite en una sartén y freír ligeramente la carne picada.
- Añadirle tres cucharadas de salsa de tomate y mezclar. Dejar 10 minutos a fuego suave.
- A continuación, rellenar las albóndigas con esta mezcla.
- Calentar el resto del aceite en una sartén grande.
- Enharinar las albóndigas rellenas, pasarlas por el huevo batido y freírlas en el aceite muy caliente hasta que estén doradas.
- Disponer las albóndigas en una cazuela de barro, agregar el resto de la salsa de tomate y el vino blanco, y cocer 10 minutos.
- Después, meter durante 10 minutos la cazuela en el horno precalentado a 150 °C y servir las albóndigas calientes en la misma cazuela.

Almejas de Pedreña

PARA 4 PERSONAS
DIFICULTAD: MEDIA
TIEMPO: 40 MINUTOS

Ingredientes:

1 kg de almejas
1 cebolla
3 dientes de ajo
20 g de pan rallado
200 ml de vino blanco
caldo de pescado
1 guindilla
1 ramita de perejil
aceite de oliva
sal

Preparación:

- Poner las almejas en un recipiente con agua y sal durante unos 15 minutos para que suelten la tierra que pudieran tener.
- Pelar y picar los dientes de ajo y la cebolla.
- En una cazuela con un poco de aceite, rehogar la cebolla y el ajo hasta que estén dorados.
- Escurrir bien las almejas y añadirlas a la cazuela, taparla y cocer hasta que se abran las almejas.
- Añadir entonces el pan rallado, el perejil picado, el vino blanco y el caldo de pescado. Agregar también la guindilla previamente troceada y sin semillas.
- Dejar cocer unos minutos todo junto, rectificar de sal y servir caliente.

Las fiestas de Cantabria

Por su variedad comarcal, Cantabria es una comunidad autónoma llena de contrastes y de costumbres diversas. Por ello también sus fiestas y celebraciones son muy variadas y abundantes, y muchas de ellas han sido declaradas Fiestas de Interés Turístico Regional e incluso nacional.

Una Fiesta de Interés Turístico Nacional es la de los **Carnavales Marineros**, que se celebran en Santoña durante el mes de febrero desde el año 1934. Se dividen en tres actos: el primero es el llamado Paseo del Reo, un gran desfile en el que participan personas que, disfrazadas de pez, escoltan a una enorme figura de besugo (el reo) hasta llegar a la plaza de San Antonio. En la plaza tiene lugar el segundo acto, el Juicio en el Fondo del Mar, en el que se simula que un tribunal, presidido por el dios Neptuno, juzga al pez por haber raptado a una sirena de la que se había enamorado, no sin antes escuchar las declaraciones de otros personajes que por allí pasan. Al final del juicio se lleva al besugo a la zona del Pasaje, donde tiene lugar el tercer acto, la Quema del Besugo en aguas de la bahía, pues se le ha declarado culpable.

Otros carnavales muy afamados de Cantabria son los de **La Vijanera**, celebrados el primer domingo de cada año en Silió, localidad del municipio de Molledo. La finalidad de esta fiesta, que se remonta a la época romana, es empezar el año espantando los malos espíritus. Durante el tiempo del carnaval son muchos los personajes que desfilan por las calles; entre ellos destacan los conocidos como «zarramacos», que van disfrazados de carneros y llevan unos grandes sombreros de pico, además de la cara pintada de negro. Los asistentes a la fiesta se desplazan en comitiva hasta el pueblo vecino y, de vuelta a la plaza, recitan coplas de la zona, mientras un médico supervisa el parto de «la preñá», alegoría del nacimiento del nuevo año. Al finalizar la fiesta se escenifica la muerte de un oso, que representa la victoria de lo bueno sobre lo malo y expresa los buenos deseos para el año que empieza.

También de Interés Turístico Nacional es **La Folía**, una fiesta de origen medieval que conmemora la llegada a la ría de San Vicente, hace cientos de años, de la Virgen de la Barquera, según cuenta la tradición popular. Esta celebración, el segundo domingo después de Semana Santa, es el evento religioso más importante de la villa marinera.

Otra colorista Fiesta de Interés Turístico Nacional es la **Batalla de las Flores** que celebran en Laredo a finales del mes de agosto. Más de una decena de carrozas circulan cubiertas de flores en un bonito desfile. Después de dos vueltas por el recorrido, un jurado valora y premia este trabajo de meses realizado por auténticos artistas.

En Castro Urdiales también se desfila con carrozas durante el primer viernes de julio para celebrar el **Coso Blanco**, fiesta en la que, además de carrozas, hay charangas y grupos que van amenizando el paso de estas.

Entre las fiestas más populares cántabras hay que mencionar **Las Marzas**, que se celebran por toda la región el último día de febrero o el primero de marzo. La fiesta, que se remonta

La Vijanera

La Folía

La Batalla de las Flores

a antes de la llegada de los romanos a Cantabria, consiste en una comitiva formada por jóvenes del lugar que, al anochecer, recorren una por una las casas de los vecinos pidiendo aguinaldos a cambio de los cantos que entonan. La tradición se ha ido perdiendo poco a poco, pero si el viajero está interesado en verlo en directo, puede hacerlo todavía en el valle de Soba, donde los marceros, vestidos con pieles de oveja y cencerros, van acompañados por el zarramasquero, un joven enmascarado cubierto con ramaje y tapado con una careta de piel de oveja que lleva además en las manos un ramo de acebo.

Otros lugares donde siguen celebrando esta tradición milenaria de Las Marzas son Torrelavega, Polanco o Piélagos. Además, en Reinosa se puede asistir al único concurso de rondas que se celebra desde hace ya más de treinta años.

El segundo domingo de agosto se celebra en Cabezón de la Sal el **Día de Cantabria**, fiesta declarada también de Interés Turístico Nacional. En esta jornada se celebra paralelamente la Feria de Artesanía y Cerámica de Cantabria, donde se pueden adquirir artículos típicos de las distintas comarcas cántabras, así como degustar distintos manjares autóctonos como repostería, quesos, orujo, mermeladas, miel, etc.

Se lleva a cabo un homenaje a las banderas autonómicas de España, izadas por parejas vestidas con trajes de la región. Esos mismos trajes son los que se verán ese día por Cabezón de la Sal, pues son el atavío que visten las gentes que inundan el pueblo con motivo de la fiesta. Además hay bailes regionales, música y actividades típicas de la zona como los campeonatos de arrastre de bueyes, marcado a fuego, doma de ganado, campeonato de bolos y la romería.

Se organiza asimismo un desfile nocturno de carrozas y carretas típicas que se cierra con «la pasá», un peculiar desfile de ganado: vacas, cabras, ovejas, perros pastores... para finalizar con la batalla de la hierba.

Además de todas las fiestas populares mencionadas, en Cantabria existen innumerables fiestas declaradas de Interés Turístico Regional, muchas de origen religioso, que se celebran en distintas regiones y pueblos, como es la cabalgata de Reyes en Santillana del Mar, la verbena del Mantón en Ramales de la Victoria, el descenso del Deva en Unquera, etc. Sin olvidar otras muchas, como la Baila de Ibio, en Mazcuerras; la Magosta, en Los Corrales de Buelna; o La Pasá, en Carmona (Cabuérniga).

Fiestas gastronómicas

Atendiendo a lo gastronómico, merecen especial atención una serie de fiestas que se celebran por toda la comunidad autónoma con la finalidad de exaltar las virtudes de la cocina y los productos cántabros.

Se hace en la Feria de Productos Cántabros de Bárcena de Cicero, en Trasmiera, durante el mes de agosto; en la Feria de Productos Regionales de Cantabria de Monseñor de Cos, en Solares; en la Feria de Día de Torrelavega, a principios del mes de agosto, o en la Feria de Productos Lebaniegos, en mayo, también en Torrelavega.

En Cóbreces se celebra asimismo durante el mes de julio la Feria de Alimentación, Artesanía, Cultura y Música Popular; y durante el mes de abril en Vega de Pas organizan la Feria de la Gastronomía y Artesanía de los Valles Pasiegos.

La tradicional cocina de Cantabria se puede disfrutar ya elaborada en pequeñas tapas o pinchos en Las Casetas, en Solares, a principios de agosto; durante diez días, diferentes restaurantes de la localidad elaboran la mejor cocina cántabra en miniatura. Otras ferias de pinchos son la de Comillas y la de Argoños, en Trasmiera.

Los productos más destacados de Cantabria también tienen sus días; el queso, por ejemplo, tiene su propia feria en Pesquera, en Campoo y en Tama.

La miel de Cantabria se puede degustar en diferentes ocasiones, como la Feria Apícola de Cantabria, en Torrelavega; la Feria de la Miel de Campoo de Yuso, en agosto; o la de Vega de Liébana, en septiembre.

En Miengos homenajean la calidad del tomate cántabro cada año en el mes de agosto. En Torrelavega hacen lo propio con el bacalao en sus Jornadas del Bacalao, al igual que en mayo celebran en Santoña la Feria de la Anchoa y la Conserva de Cantabria.

En Suances se organiza la Feria del Marisco en las cercanías de la playa de La Concha, donde los asistentes pueden disfrutar de una gran variedad de tapas de langostinos, gambas, cigalas, mejillones, almejas, centollos, percebes, etc., todo ello acompañado de vinos cántabros, que, por otra parte, también son homenajeados en mayo, en Santander, en el marco de la Feria Cantabria Vinos.

El cocido también tiene su día en septiembre, en la Fiesta del Cocido de Ucieda, lo mismo que lo tiene la alubia en noviembre, en la Feria de la Alubia de Casar, sin olvidarnos de la famosa Feria del Orujo de Potes.

Sardinas con tomate

PARA 4 PERSONAS
DIFICULTAD: MEDIA
TIEMPO: 45 MINUTOS

Ingredientes:

20 sardinas
4 tomates
2 cebollas
6 dientes de ajo
aceite de oliva
1 ramita de perejil
harina para rebozar
sal

Preparación:

- Limpiar las sardinas quitándoles los intestinos y las escamas. Una vez limpias, salarlas y rebozarlas con la harina.
- Poner al fuego una sartén con abundante aceite. Cuando esté bien caliente, freír las sardinas. Retirarlas de la sartén y reservar.
- Picar el perejil muy fino, los dientes de ajo en láminas y las cebollas en juliana. Reservar.
- Poner al fuego una cazuela con agua y llevarla a ebullición. Hacer una muesca en forma de cruz en la base de cada tomate. Cuando el agua hierva, escaldar 2 minutos los tomates para desprender la piel. Escurrirlos y pelarlos. Cortarlos en cuartos, quitarles las semillas y rallarlos.
- Poner una sartén al fuego con un poco de aceite y rehogar la cebolla. Cuando empiece a dorarse, añadir el tomate. Proseguir la cocción hasta que el sofrito esté listo.
- Comprobar el punto de sal, retirarlo del fuego y reservar.
- En la misma sartén con un poco de aceite freír los ajos y el perejil a fuego lento, sin que se tuesten.
- Disponer las sardinas en una sartén muy grande. Agregar el sofrito de tomate reservado y echar por encima el aceite con ajo y perejil.
- Cocinar todo junto durante unos 5 minutos a fuego fuerte y retirar para servir.

Bacalao a la cántabra

PARA 4 PERSONAS

DIFICULTAD: MEDIA

TIEMPO: 1 HORA Y 30 MINUTOS (MÁS EL TIEMPO DE REMOJO)

Ingredientes:

500 g de bacalao en salazón
2 cebollas
2 lonchas de jamón serrano
3 dientes de ajo
50 ml de vino blanco
1 cucharadita de harina
50 ml de aceite de oliva
el zumo de 1 limón
1 hoja de laurel
1 ramita de perejil
sal

Preparación:

- Poner la pieza de bacalao en remojo durante 48 horas. En este tiempo, cambiar el agua varias veces.
- Escurrir el bacalao, ponerlo en una cazuela, cubrirlo por completo con agua y agregar la hoja de laurel.
- Poner la cazuela al fuego tapada hasta que empiece a hervir. Cuando llegue al punto de ebullición, retirar el bacalao del fuego y dejarlo reposar tapado durante unos minutos.
- Pelar las cebollas y los dientes de ajo y cortarlos finitos. Reservar.
- Lavar el perejil y cortarlo menudito, al igual que el jamón. Reservar.
- Rehogar en una sartén con el aceite la cebolla y el ajo. Añadir los taquitos de jamón cuando la cebolla esté transparente.
- Una vez que el jamón empiece a dorarse, agregar el vino y dejar cocer todo durante 10 minutos.
- Añadir entonces la harina y cuando esté empezando a dorarse, echar un chorro del caldo de cocción del bacalao junto con el perejil picadito y el zumo de limón.
- Escurrir el bacalao, partirlo en trozos y añadirlos al sofrito. Estar pendiente de que el líquido cubra en todo momento el pescado; de lo contrario, añadir más caldo al recipiente.
- Cocer a fuego lento durante 15 minutos. Dejar reposar con el fuego apagado y servir caliente.

Carne estofada al orujo

PARA 4 PERSONAS
DIFICULTAD: MEDIA
TIEMPO: 2 HORAS

Ingredientes:

1 redondo de ternera de 1,5 kg aproximadamente
200 g de tocino
40 ml de aceite de oliva
40 g de manteca
harina para rebozar
2 zanahorias
3 dientes de ajo
hierbas aromáticas al gusto
1 rama de apio
1 cucharada de perejil picado
1 ramita de romero
1 hoja de laurel
caldo de verdura
75 ml de orujo
75 ml de vino blanco seco
2 pimientos rojos
4 patatas medianas
pimienta en grano
pimienta
sal

Preparación:

- Limpiar bien la carne y mecharla con la ayuda de una aguja de mechar, con el tocino cortado en tiras finas, 1 zanahoria cortada de la misma manera, las hierbas aromáticas y los ajos pelados y cortados por la mitad a lo largo.
- Atar la carne después con un bramante para que no pierda la forma, salpimentarla, pasarla por harina y dorarla en una cazuela de barro con el aceite y la manteca bien caliente.
- Una vez que la carne esté dorada, agregar la zanahoria restante cortada en rodajas finas, el apio picado, el perejil, la hoja de laurel, el romero y los granos de pimienta.
- Rehogar unos minutos y agregar el orujo y el vino blanco. Bajar el fuego, tapar la cazuela y dejar cocer durante 1 hora y 30 minutos aproximadamente. Ir añadiendo el caldo a lo largo de la cocción para evitar que la carne se seque.
- Mientras, asar en el horno a 200 °C los pimientos y las patatas, hasta que estén tiernos.
- Cortar la carne en rodajas y servirlas acompañadas con su propia salsa, los pimientos y las patatas asadas.

Dulces delicias

Tradiciones muy golosas

Cantabria fue pionera en el empleo de la mantequilla para la elaboración de sus dulces tradicionales, de ahí que dentro de su gastronomía haya una larga lista de platos que pertenecen al campo de la repostería.

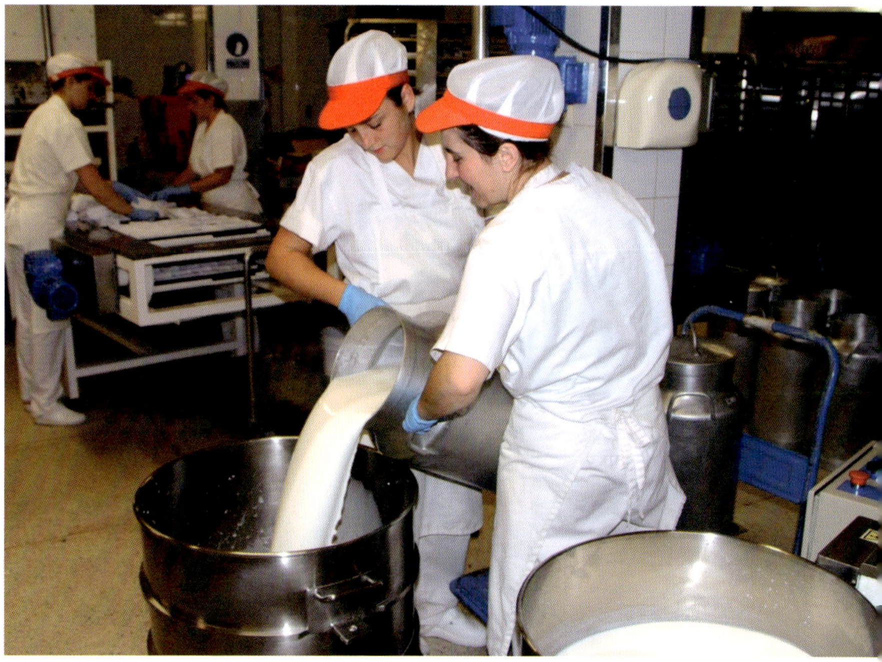

La leche fresca de calidad es un ingrediente imprescindible de la pastelería cántabra.

Además de para fabricar quesos, la leche de su ganado se emplea en gran medida para la elaboración de ricos dulces y postres, empezando, cómo no, por los sobaos, compañeros inseparables de tantos y tantos de nuestros desayunos. El sobao o sobao pasiego es un producto típico de la comarca de los Valles Pasiegos; su receta más clásica contaba entre sus ingredientes con la masa de pan, pero al pasar el tiempo esta ha sido sustituida por harina común. Aunque la industria repostera se encarga de comercializarlos, es una receta muy socorrida para hacer en casa, pues se suelen conservar en condiciones relativamente buenas durante una semana o más.

En la misma zona donde se hacen los sobaos se elaboran también las ricas quesadas pasiegas, especialmente en Selaya y Vega de Pas. Aunque en un principio puede parecer una tarta de queso, la quesada de Cantabria está elaborada con la sabrosa leche cuajada de sus vacas y tiene un sabor diferente a las tartas de queso que se pueden probar en otras regiones de España. Mantequilla, harina de trigo, huevos y azúcar componen el resto del preparado. Se puede aromatizar la mezcla con limón rallado y canela en polvo. El resultado es un pastel de textura suave, ligero y nada empalagoso.

El hojaldre en sus distintas variedades es otro de los productos que se elaboran en diferentes zonas de la provincia, donde recibe distintos nombres y formas.

Por una parte están las pantortillas, especialidad repostera de Reinosa; su forma es plana y elíptica, y están hechas con una masa de hojaldre sobre la que se coloca una capa de azúcar caramelizada en su mitad superior. Hay varias teorías sobre el origen de este postre; una de ellas se remonta nada menos que a los nietos de Noé, Tubal y Tarsis. Atendiendo a la idea que de ello nos ofrece Casa Vejo, el lugar más afamado de producción de pantortillas en Cantabria, y en palabras de Nisio de Soto, así se produjo el nacimiento de este dulce de hojaldre:

Tubal al dar su vista audaz a la llanura le gustó el sitio para hacer un pueblo (que al principio se llamó Ruin-cosa porque era muy pequeño). Lanzó un

rador de Sobaos Joselín, Selaya

Sobaos recién sacados del horno, en Casa Ibáñez, Renedo de Piélagos.

Las célebres pantortillas

silbido y acudió enseguida su adecán o sirviente o escudero, al que pidió que de comer le diera, orden que puso al mozo en un aprieto pues tan solo tenía algo de harina que pensó en amasar; pero no habiendo agua en aquellas alturas, una a una, las gotas de rocío recogió y luego las fue depositando en su golea, donde amasó la harina con esmero; del valle de Campoo pasó una moza, miró la masa y esponjó al momento. Coció el pastel al sol de una mañana de agosto y resultó soberbio, tanto que Tubal alabó su gusto y al muchacho nombró su repostero, el cual, envanecido y orgulloso por aquel tan hermoso nombramiento, escribió la receta en pergamino para hacerla otra vez; pero lo cierto es que no pudo hacerlo en otra parte por falta de ingredientes al efecto. Esta receta se perdió y, más tarde, la encontró VEJO allá en Totero. ¡Sepa el mundo de nuestra pantortilla cuál es el origen verdadero!

Otros cuentan que el inventor del postre fue un panadero que, tras olvidarse de echar levadura a una masa de pan, no quiso desperdiciarla y le añadió mantequilla. Tras moldearla como una torta, le siguió dando vueltas para que la grasa láctea fuese quedando finamente entreverada con las láminas plisadas del hojaldre. Después de darle una forma circular de diámetro y grosor homogéneo, le echó azúcar por encima y metió su creación en el horno, y así nació lo que hoy en Cantabria se llama pantortilla.

La fama de este postre ha llegado hasta tal punto, que ha hecho que la Peña Campurriana de Santander conceda cada año un galardón que han dado en llamar Pantortilla de Oro. Se concede a personas que se hayan distinguido por su trabajo y compromiso con el lugar de Campoo.

Sin embargo, no es el único postre destacable de la zona; es obligado catar también las rosquillas de Reinosa, cuyo principal ingrediente parece ser el frío de esta localidad, ya que la primera fase de su elaboración se lleva a cabo en los meses de enero y febrero, aprovechando las bajas temperaturas. Luego esperan durante meses cerradas en cajas herméticas de madera de chopo, hasta que llega el momento de su terminación en almíbar hirviendo.

Un buen recuerdo: las corbatas de Unqu

Siguiendo con el hojaldre cántabro y sus formas, en Unquera se preparan las famosas corbatas, que tienen forma de pajarita o corbata. Dicen los expertos que el origen de este término se debe a que a estos dulces se les hizo un nudo como elemento decorativo, para evitar la simplicidad a la vista de un dulce de hojaldre. Las corbatas están recubiertas de un baño de azúcar glas con ricas almendras. Con los mismos ingredientes se elaboran en Torrelavega las polkas, cuyo origen se remonta a principios del

Las ricas rosquillas de Reinosa son fáciles de hacer en casa.

Las polkas, con su crujiente hojaldre y su capa de glasa real, son una sensación para el paladar.

Receta de las polkas en páginas 234-235

siglo XIX. La misma receta siguen en Liérganes y La Cavada para dar salida a su hojaldre a través de sus sacristanes o corazones.

Otros postres típicos de Cantabria son los frisuelos o frixuelos de Liébana, muy similares a las filloas gallegas, una especie de crepes dulces. También en Liébana se preparan los canónigos, unas natillas muy suaves adornadas con una isla de merengue. Y en Cabezón de la Sal endulzan el paseo de los visitantes con sus palucos, unos ricos dulces elaborados con coco, azúcar, miel y huevo.

Recientemente Laredo ha presentado el dulce que representa a su región, al que han bautizado como «caprichos del emperador». Se trata de unos bocados elaborados con chocolate puro, praliné de almendras, cereales y semillas, cuyo nombre hace alusión al desembarco de Carlos V, que cada año se reedita en la villa.

Y como colofón a esta sección tan dulce, una mención especial a las sabrosas mermeladas elaboradas en las distintas regiones de Cantabria y que acompañan a muchas tartas, desayunos o meriendas.

En Casa Ibáñez elaboran varios dulces típicos de la zona.

Los frisuelos son los favoritos de los pequeños de la casa.

Canónigos lebaniegos

PARA 4 PERSONAS
DIFICULTAD: ALTA
TIEMPO:1 HORA Y 30 MINUTOS

Ingredientes:

200 g de natillas caseras (véase página 244)
mantequilla para el molde
menta para decorar (opcional)
almendras picadas (opcional)

Para el caramelo:
100 g de azúcar
3 cucharadas de agua

Para el merengue:
200 g de azúcar glas
6 claras de huevo

Preparación:

- Para elaborar el caramelo, poner al fuego un cazo con el azúcar y el agua, y cocer hasta que empiece a coger cuerpo, pero sin que se ponga oscuro.
- Untar los laterales de pequeños moldes individuales con mantequilla. Si se prefiere, se puede usar un molde grande rectangular.
- Cubrir el fondo de los recipientes con el caramelo y poner a precalentar el horno a 100 °C.
- Para preparar el merengue, batir las claras a punto de nieve firme. Después, incorporar el azúcar glas poco a poco y sin dejar de remover.
- Una vez que todo esté bien mezclado, repartir el merengue en los moldes y hornear unos 40 minutos. Cuando empiecen a dorarse, apagar el horno y esperar 1 minuto. Después, dejar entreabierta la puerta del horno para que los merengues se enfríen poco a poco y no se desinflen.
- Sacar los merengues de los moldes.
- Verter las natillas en una fuente de servir, colocar encima los merengues y servir. Si se desea se puede decorar con almendras picadas o una hoja de menta.

Tarta de requesón con pasas

PARA 4 PERSONAS
DIFICULTAD: MEDIA
TIEMPO: 1 HORA

Ingredientes:

500 g de requesón
1 cucharada de maicena
3 huevos
3 cucharadas de pasas
180 g de azúcar
un chorro de ron
mantequilla para el molde

Preparación:

- Precalentar el horno a 180 °C.
- Calentar el ron en un cazo y echar en él las pasas para que se remojen un buen rato.
- Echar el requesón desmenuzado en un cuenco grande. Añadir los huevos batidos, el azúcar y la maicena. Triturar y mezclar bien hasta obtener una pasta homogénea y muy suave.
- Untar de mantequilla un molde redondo de unos 20 cm de diámetro.
- Verter en el molde la pasta de requesón y hornear 15 minutos.
- Sacar la tarta del horno y hundir en la masa las pasas previamente escurridas del ron en el que se han remojado.
- Meter la tarta en el horno 15 minutos más.
- Una vez fría la tarta, desmoldarla sobre una fuente con cuidado de no romperla.

Canónigos lebaniegc

Flan de yogur a la naranja

PARA 6 PERSONAS

DIFICULTAD: BAJA

TIEMPO: 20 MINUTOS (MÁS EL TIEMPO DE REFRIGERACIÓN)

Ingredientes:

6 vasitos de yogur natural
100 g de azúcar glas
250 ml de nata para montar
175 g de azúcar
4 hojas de gelatina
el zumo de 1 naranja
mermelada de frutas
canutillos de barquillo

Preparación:

- Calentar el zumo de naranja.
- Remojar las láminas de gelatina en agua fría. Escurrirlas y disolverlas en el zumo de naranja caliente.
- Verter en un cuenco los seis vasitos de yogur y el azúcar glas. Batir con las varillas.
- Añadir a esta mezcla la gelatina disuelta en el zumo de naranja.
- Verter en un cuenco la nata y agregarle el azúcar. Batir a mano lentamente para montarla o bien usar las varillas eléctricas.
- Incorporar la nata montada a la mezcla de yogur.
- Verter todo en un molde grande o en flaneras individuales y meter la crema de yogur en la nevera hasta que cuaje.
- Para servir, desmoldar y cubrir o acompañar con mermelada de frutas.
- Decorar con un par de barquillos cada ración.

Sobaos pasiegos

PARA 12 UNIDADES

DIFICULTAD: MEDIA

TIEMPO: 40 MINUTOS

Ingredientes:

3 huevos
250 g de mantequilla
250 g de harina
250 g de azúcar
1 cucharada de ron (opcional)
1 cucharada de levadura en polvo
1 cucharada de ralladura de limón
½ cucharadita de sal

Preparación:

- Precalentar el horno a 180 °C.
- Poner la mantequilla en un cuenco grande para que se vaya derritiendo a temperatura ambiente.
- Una vez deshecha, añadir el azúcar, la ralladura de limón, la sal, los huevos y, si se desea, la cucharada de ron.
- Mezclar bien con las varillas hasta conseguir una mezcla homogénea.
- En otro cuenco grande tamizar la harina con la levadura. Ir incorporándola poco a poco a la mezcla anterior, sin dejar de remover para evitar que se formen grumos.
- Engrasar los moldes para los sobaos, colocarlos en la bandeja del horno y rellenarlos con la preparación anterior. Es importante llenarlos solo hasta la mitad de su altura, ya que al hornearlos crecerán.
- Meter la bandeja en el horno, a media altura, durante 20 minutos, hasta que los sobaos estén dorados.
- Sacarlos del horno y dejarlos enfriar antes de consumirlos.

Flan de yogur a la naranja

Frisuelos de Liébana

PARA 4 PERSONAS
DIFICULTAD: BAJA
TIEMPO: 30 MINUTOS

Ingredientes:

700 ml de leche
250 g de harina
2 huevos
miel de Liébana
aceite
canela en polvo
sal

Preparación:

- Verter en un cuenco grande los huevos, la leche y una pizca de sal. Batir todos los ingredientes.
- Incorporar la harina poco a poco y removiendo bien para que no se formen grumos. Si no se logra deshacerlos y para que la mezcla quede más homogénea se puede usar la batidora.
- Poner una sartén al fuego y echar unas gotas de aceite.
- Verter en la sartén un cazo de la mezcla e inclinarla para formar una torta de masa similar a una crepe. Cuando el frisuelo esté hecho por un lado, darle la vuelta y cocinarlo por el otro lado.
- Retirar el frisuelo de la sartén y dejarlo en un plato.
- Hacer frisuelos hasta acabar la pasta e ir colocando unos sobre otros de manera que mantengan el calor.
- Una vez hechos todos los frisuelos, enrollarlos formando tubitos y colocarlos en una bandeja.
- Verter la miel sobre los frisuelos y espolvorearlos con canela.

Leche frita a la cántabra

PARA 4 PERSONAS

DIFICULTAD: MEDIA

TIEMPO: 45 MINUTOS (MÁS EL TIEMPO DE REPOSO)

Ingredientes:

1 ¼ l de leche
2 huevos + 5 yemas
150 g de azúcar
75 g de mantequilla
50 g de harina de trigo
60 g de harina de maíz
la piel de 1 limón
la piel de 1 naranja
1 palito de canela
aceite para freír

Preparación:

- Verter en una cazuela la leche con el palito de canela y las pieles de limón y de naranja. Cuando rompa a hervir, retirarla del fuego y colarla.
- En una cazuela bastante grande, mezclar las cinco yemas y el azúcar con las dos harinas previamente tamizadas. Añadir esta mezcla a la leche y mezclar bien para deshacer todos los grumos.
- A continuación, poner la cazuela al fuego y cocer 15 minutos sin dejar de remover para que la mezcla no se tueste ni se agarre al fondo de la cazuela.
- Engrasar con aceite un molde cuadrado no demasiado alto y verter la crema. Cubrir la superficie con la mantequilla previamente fundida a temperatura ambiente. Dejar enfriar la mezcla dentro del recipiente.
- Cuando la masa esté fría y compacta, cortarla en dados de unos 3 cm.
- Pasarlos por harina y por los otros dos huevos batidos. Freír los dados en aceite no demasiado caliente.
- Una vez fritas, depositar las porciones de leche frita en una fuente con papel de cocina para eliminar el exceso de grasa.
- Servir la leche frita en una bandeja.

Polkas de Torrelavega

PARA 6 PERSONAS
DIFICULTAD: ALTA
TIEMPO: 2 HORAS Y 30 MINUTOS

Ingredientes:

Para el hojaldre:

300 g de harina de fuerza
6 g de sal
100 ml de agua
225 g de mantequilla

Para la glasa real:

250 g de azúcar glas
1 clara de huevo
½ limón

Preparación:

Para hacer la glasa real:

- Tamizar el azúcar glas, añadir la clara de huevo y unas gotas de limón.
- Batir la mezcla hasta que espese y reservar.

Para hacer el hojaldre:

- Verter la harina tamizada sobre la superficie de trabajo.
- Darle forma de volcán y echar en el centro la sal y el agua. Para evitar que la sal toque la harina, es recomendable disolverla con los dedos en el agua. Una vez disuelta, el agua se mezcla con la harina del volcán de dentro hacia fuera.
- Formar una bola con la masa y cuando tenga consistencia, hacer una cruz sobre ella con un cuchillo para que coja elasticidad.

- Dejar reposar la masa unos 10 minutos.
- Colocar la mantequilla sobre papel vegetal y golpearla con el rodillo para que se ablande un poco. Formar con ella un cuadrado de 15 x 15 cm.
- Recuperar la masa y estirarla hasta darle unas dimensiones de 25 x 25 cm.
- Colocar el taco de mantequilla en el centro de la masa y encerrarlo dentro de esta.
- Estirar de nuevo la masa con la mantequilla en el centro hasta que tenga un grosor de 7 cm y su longitud sea tres veces superior a su anchura.
- Doblar la masa sobre sí misma en tres partes iguales: esto es lo que llamaremos una «vuelta».
- Girar la masa un cuarto de vuelta y repetir la misma operación.
- Envolver la masa en film transparente para que no se forme costra y dejarla reposar 20 minutos.
- Pasado este tiempo, dar dos vueltas más a la masa y dejarla reposar otros 20 minutos.
- Cortar el hojaldre en tiras rectangulares de 3 x 10 cm aproximadamente.
- Usar un pincel de cocina para pintar las tiras de hojaldre con glasa real y hornearlas a 200 °C.
- Cuando las polkas empiecen a inflarse y dorarse, sacarlas del horno.

Quesada pasiega

PARA 6 PERSONAS
DIFICULTAD: BAJA
TIEMPO: 1 HORA Y 15 MINUTOS

Ingredientes:

500 g de queso fresco
2 huevos
125 g de mantequilla
50 g de harina
250 g de azúcar
ralladura de limón
canela en polvo

Preparación:

- Precalentar el horno a 180 °C
- Cascar en un cuenco grande los huevos junto con el azúcar y la mantequilla derretida. Remover hasta conseguir una crema esponjosa.
- Añadir el queso, previamente desmenuzado, un poco de canela, la ralladura de limón y remover.
- A continuación, agregar la harina lentamente, tamizándola a través de un colador para evitar que se formen grumos, y mezclar bien.
- Engrasar con mantequilla un molde rectangular y verter la mezcla con cuidado de que se extienda por todas partes.
- Introducir el molde en el horno y dejar cocer 50 minutos.
- Comprobar si la quesada está bien cocida clavando en la masa una varilla de madera. Si sale limpia es que está lista. Si no fuera así, dejarla en el horno 5 minutos más.
- Dejar enfriar la quesada y cortarla en trocitos de forma cuadrada o rectangular.
- Servirla sola o acompañada de nata montada o mermelada casera.

Flan de pera

PARA 4 PERSONAS
DIFICULTAD: MEDIA
TIEMPO: 1 HORA Y 30 MINUTOS

Ingredientes:

4 huevos
500 ml de leche
200 ml de agua
500 g de peras
175 g de azúcar
la ralladura de 1 limón

Preparación:

- Precalentar el horno a 180 °C.
- Verter el agua en una cazuela junto con 75 g de azúcar y ponerla a cocer hasta conseguir un caramelo líquido.
- Una vez hecho, verter el caramelo en una flanera y reservar.
- Pelar las peras, quitarles el corazón, cortarlas en trozos muy menudos y ponerlos en una cazuela con agua y tres cucharadas de azúcar. Cuando las peras estén cocidas, colarlas y echarlas en el fondo de la flanera sobre el caramelo vertido previamente.
- Batir los huevos en un cuenco grande. Añadir 100 g de azúcar y la ralladura de limón. Verter la leche templada sobre la mezcla y batir todo hasta que esté bien integrado.
- Verter la mezcla en la flanera e introducirla en el horno al baño maría; dejar cocer unos 40 minutos.
- Desmoldar el flan y dejarlo enfriar.

Quesada pasiega

Rosquillas de Reinosa

PARA 6 PERSONAS
DIFICULTAD: ALTA
TIEMPO: 1 HORA

Ingredientes:

250 g de harina
200 g de mantequilla
1 yema de huevo
1 copita de anís
sal
almíbar
azúcar glas para decorar

Preparación:

- Poner la mantequilla a ablandar en un sitio cálido.
- Cuando la mantequilla esté blanda, mezclarla en un cuenco grande con la mitad de la harina tamizada para que no forme grumos. Trabajar la mezcla hasta formar una masa. Ponerla sobre la superficie de trabajo y estirarla cuidadosamente con un rodillo.
- Colocar la masa sobre un paño limpio y enrollarla. Dejarla reposar así envuelta.
- Mezclar el resto de la harina con la yema de huevo, el anís, una pizca de sal y tres cucharadas de agua fría.
- Amasar la mezcla, golpearla y espolvorearla con harina.
- Estirar esta segunda masa con el rodillo dándole forma alargada.
- Colocar encima de esta masa la primera que se hizo. Unir ambas, enrollarlas juntas y estirarlas con la finalidad de que tripliquen su tamaño.
- Cortar la masa en tiras y hacerlas rodar con las manos por la superficie de trabajo. Unir los extremos de las tiras redondeadas formando las rosquillas.
- Disponer las rosquillas en la bandeja del horno cubierta de papel y hornearlas a 150 °C. Cuando estén doradas, retirarlas del horno y pasarlas a una fuente.
- Bañarlas en almíbar y decorarlas espolvoreándolas con azúcar glas.

Tarta de ciruela

PARA 4 PERSONAS
DIFICULTAD: BAJA
TIEMPO: 1 HORA Y 15 MINUTOS

Ingredientes:

3 huevos
1,5 l de leche
125 g de harina
125 g de azúcar
500 g de ciruelas
mantequilla para el molde

Preparación:

- Verter en un cuenco la leche y el azúcar. Incorporar los huevos batiéndolos.
- Añadir la harina poco a poco después de tamizarla a través de un colador para que no forme grumos. Remover constantemente hasta obtener una crema homogénea. Reservar.
- Pelar las ciruelas y cortarlas por la mitad para deshuesarlas.
- Untar con mantequilla un molde circular y extender las ciruelas en el fondo.
- Verter sobre ellas la crema reservada y meter el molde en el horno a 170 °C durante 40 o 50 minutos.
- Sacar la tarta del horno y desmoldarlo sobre una fuente de servir.

Rosquillas de Reinosa

Bizcocho de nata

PARA 4 PERSONAS
DIFICULTAD: MEDIA
TIEMPO: 1 HORA Y 15 MINUTOS

Ingredientes:

4 huevos
250 ml de nata para montar
250 g de azúcar
300 g de harina
1 cucharadita de levadura en polvo
la ralladura de 1 naranja
mantequilla para el molde
azúcar glas para decorar

Preparación:

- Precalentar el horno a 180 °C.
- Verter en un cuenco grande la nata junto con el azúcar y batir con las varillas lentamente y sin parar hasta conseguir una crema suave y homogénea.
- A medida que se bate la nata, ir incorporando los huevos uno a uno.
- A continuación, incorporar la harina previamente mezclada con la levadura procurando que no se formen grumos. Añadir la ralladura de naranja y mezclar.
- Engrasar con mantequilla un molde cuadrado o rectangular, espolvorearlo con harina y verter en él la mezcla anterior.
- Cocer la tarta en el horno durante 35 minutos.
- Transcurrido este tiempo, comprobar si está bien cocida clavando en el centro una varilla. Si sale limpia, la tarta está lista. Si no fuera así, dejarla en el horno 5 minutos más.
- Cuando esté hecha, desmoldar la tarta y dejarla enfriar sobre una rejilla.
- Servirla decorada con azúcar glas.

Confitura de melón y naranja

PARA 6 PERSONAS
DIFICULTAD: BAJA
TIEMPO: 45 MINUTOS

Ingredientes:

600 g de azúcar
1 melón
1 limón
1 naranja
1 cucharada de brandy
sal
sal

Preparación:

- Exprimir el zumo de la naranja y cortar la piel en tiras muy finas.
- Exprimir el zumo del limón.
- Pelar el melón, eliminar las semillas y trocear la pulpa.
- Poner los trocitos de melón en una cacerola.
- Añadir las tiritas de piel de naranja, una pizca de sal, el zumo de naranja y el de limón.
- Cubrir con el azúcar y medio vaso de agua.
- Cocerlo todo 30 minutos a fuego suave y después remover constantemente a fuego fuerte hasta formar un almíbar.
- Agregar el brandy, remover y reservar la confitura en tarros de cristal.

zcocho de nata

Rosquillas dobles de Santander

PARA 6 PERSONAS
DIFICULTAD: MEDIA
TIEMPO: 1 HORA

Ingredientes:

1 huevo
100 g de azúcar
250 g de harina
1 cucharada de levadura en polvo
30 ml de licor de anís
la ralladura de 1 limón
azúcar glas para decorar
aceite de oliva para freír

Preparación:

- Tamizar la harina con la levadura y ponerla en forma de volcán sobre una superficie de trabajo. Cascar el huevo en el centro y añadir cuatro cucharadas de aceite, el azúcar, el anís y la ralladura de limón.
- Ir mezclando poco a poco con las manos hasta obtener una masa homogénea. Darle forma de bola, ponerla en un cuenco grande, taparla con un paño y dejarla reposar alrededor de 15 minutos.
- Destapar la masa e ir cogiendo porciones con las manos previamente untadas en aceite; formar con ellas pequeñas bolitas.
- Juntar las bolitas de dos en dos, una sobre la otra, y presionar en el centro hasta llegar a perforar el agujero central de las rosquillas.
- Poner en una sartén al fuego abundante aceite de oliva y cuando esté bien caliente echar las rosquillas y freírlas hasta que se doren. Sacarlas con una espumadera y colocarlas en un plato con papel de cocina para que escurran el aceite sobrante.
- Ponerlas en una fuente para servir y espolvorearlas con azúcar glas.

Natillas caseras

PARA 8 PERSONAS

DIFICULTAD: MEDIA

TIEMPO: 40 MINUTOS (MÁS EL TIEMPO DE REFRIGERACIÓN)

Ingredientes:

12 yemas de huevo
3 l de leche
1 trozo de piel de limón
180 g de azúcar
1 palito de canela
1 cucharadita de canela en polvo

Preparación:

- Batir en un cuenco grande las yemas con cuatro cucharadas de azúcar hasta que estén espumosas y reservar.
- Poner un cazo al fuego con la leche, la piel de limón, el palito de canela y el resto del azúcar. Cuando llegue al punto de ebullición, retirar el cazo del fuego.
- Sacar la canela y la piel de limón, y verter la leche poco a poco en el cuenco de las yemas. Mezclar lentamente y sin parar de remover hasta que todo esté bien integrado.
- Verter la mezcla en una cazuela y ponerla a fuego suave. No se debe dejar de remover hasta obtener una crema homogénea, pero vigilando siempre que no llegue a hervir.
- Cuando la crema esté en su punto, colarla por un colador grande y repartirla en recipientes individuales.
- Espolvorear las natillas con canela en polvo y dejarlas enfriar antes de meterlas en la nevera.
- Servir las natillas frías.

Arrope cántabro

PARA 6 PERSONAS

DIFICULTAD: BAJA

TIEMPO: 1 HORA (MÁS EL TIEMPO DE MACERACIÓN)

Ingredientes:

500 g de manzanas reinetas
500 g de melocotones
500 g de peras
500 g de calabaza dulce
1 limón
1 naranja
1 copa de ron
50 g de miel
azúcar (200 g menos que el peso de la fruta pelada)

Preparación:

- Pelar y cortar a continuación en trozos pequeños toda la fruta.
- Pesar la fruta, disponer del mismo peso menos 200 g de azúcar.
- Cortar, en juliana muy fina, las pieles de la naranja y el limón.
- En un cuenco hondo, colocar una capa de fruta troceada mezclada con la piel de los cítricos y, sobre ella, otra de azúcar.
- Repetir la operación varias veces y dejar macerar 12 horas.
- Ya macerada, pasar la fruta a una cazuela de barro, sin agua.
- Cocer lentamente durante unos 40 minutos, removiendo de vez en cuando con una cuchara de madera.
- Los últimos 5 minutos, hervir a fuego vivo.
- Retirar del fuego y añadir la miel y el ron; volver a poner sobre el fuego y mantener cociendo unos 10 minutos más.
- Cuando haya tomado un bonito color dorado, retirar del fuego y dejar enfriar.

Natillas caseras

Tarta de manzana con orujo

PARA 6 PERSONAS

DIFICULTAD: MEDIA

TIEMPO: 30 MINUTOS (MÁS EL TIEMPO DE REFRIGERACIÓN)

Ingredientes:

4 manzanas reineta
1 l de nata para montar
200 g de azúcar
150 g de almendra picada
1 base de bizcocho redonda
250 ml de orujo de Liébana
7 hojas de gelatina
1 copa de licor de manzana verde

Preparación:

- Pelar las manzanas, cortarlas en cuñas y disponerlas en una cazuela; verter una copa de orujo de Liébana y poner a cocer.
- Cuando la fruta esté hecha, pasarla por el pasapurés. Reservar.
- Montar la nata con el azúcar y añadir la gelatina previamente disuelta en 3 cucharadas de agua caliente. Agregar a esta mezcla el orujo restante.
- Colocar en un molde redondo la base de bizcocho y emborracharlo con el licor de manzana.
- Extender sobre el bizcocho la compota de manzana. Poner alrededor de esta la nata y dejar reposar durante 2 horas en la nevera.
- Pasado este tiempo, decorar los bordes con la almendra picada y meter la tarta de nuevo en la nevera unos 30 minutos antes de servirla.

Reinetas con chocolate

PARA 4 PERSONAS

DIFICULTAD: MEDIA

TIEMPO: 1 HORA Y 15 MINUTOS

Ingredientes:

4 manzanas reineta
1 naranja
1 limón
500 g de azúcar
100 g de avellanas tostadas
1 l de agua
canela en rama

Para la salsa:
100 g de chocolate fondant
200 ml de crema de leche

Preparación:

- Pelar la naranja, con la menor piel blanca posible; cortar la piel en juliana muy menuda. Después, exprimir el zumo de la naranja.
- Lavar muy bien y cortar el limón en rodajas finas.
- En un cazo al fuego, poner el azúcar y el agua y dejar cocer a fuego medio hasta que el azúcar se disuelva, añadir entonces el zumo de naranja, las rodajas de limón y la canela en rama. Dejar cocer durante 10 minutos a fuego lento.
- Pelar las manzanas procurando no quitarles el pedúnculo e introducirlas enteras en el jarabe preparado y dejar cocer unos 20 minutos a fuego muy lento, hasta que estén tiernas.
- Retirarlas del fuego, añadir la piel de naranja cortada en juliana, tapar y dejar enfriar. Una vez frías, reservar en la nevera.

Para la salsa de chocolate:

- Trocear el chocolate y ponerlo en un cazo al baño maría, añadir la crema de leche y dejar fundir.
- Cuando el chocolate esté fundido, cubrir con él las manzanas y espolvorearlas con las avellanas picadas.
- Decorar con la juliana de naranja y servir.

Tarta de manzana con orujo

Bizcocho de cítricos de Novales

PARA 4 PERSONAS

DIFICULTAD: MEDIA

TIEMPO: 45 MINUTOS

Ingredientes:

4 huevos
150 g de azúcar
200 g de harina
1 sobrecito de levadura en polvo
el zumo de ½ naranja
el zumo de ½ limón
50 ml de aceite de girasol
la ralladura de ½ naranja
la ralladura de ½ limón
mantequilla para el molde

Preparación:

- Precalentar el horno a 180 °C.
- Echar en un cuenco grande los huevos y el azúcar. Batir hasta que la mezcla quede bien espumosa.
- A continuación, añadir el aceite y seguir batiendo mientras se incorporan los zumos. Agregar las ralladuras de naranja y de limón, mezclándolo todo bien.
- Tamizar la levadura junto con la harina e incorporarla a la mezcla anterior poco a poco y sin dejar de batir hasta que todo esté bien integrado.
- Engrasar con mantequilla un molde rectangular, espolvorearlo con harina y verter la mezcla.
- Cocer el bizcocho en el horno aproximadamente 30 minutos.
- Pasado este tiempo, comprobar si está bien cocido clavando una varilla de madera. Si sale limpia de la masa, el bizcocho estará hecho. Si no fuera así, dejarlo 5 minutos más.
- Cuando el bizcocho esté cocido, sacarlo, desmoldarlo y ponerlo a enfriar sobre una rejilla.

Tarta pasiega de queso y ráspanos

PARA 6 PERSONAS
DIFICULTAD: BAJA
TIEMPO: 45 MINUTOS

Ingredientes:

3 huevos
500 g de queso fresco
250 ml de nata líquida
100 g de azúcar
1 cucharada de maicena
½ bote mermelada de ráspano (arándano)
½ bote de mermelada de albaricoque
mantequilla para el molde

Preparación:

- Echar en un cuenco grande los huevos y batirlos suavemente con las varillas.
- Añadir el queso desmenuzado, la nata, el azúcar y la maicena, esta última poco a poco mientras se remueve para que no se formen grumos.
- Mezclar todo con las varillas batiendo lentamente pero sin parar, hasta obtener una pasta uniforme y suave.
- Untar un molde con mantequilla para que no se pegue la masa al desmoldar la tarta tras la cocción.
- Verter la mezcla en el molde y hornear 30 minutos a 180° C.
- Dejar enfriar la tarta antes de desmoldarla con cuidado para que no se rompa.
- Cubrir media tarta con la mermelada de arándano y la otra media con la de albaricoque.

Arroz con leche cántabro

PARA 4 PERSONAS
DIFICULTAD: BAJA
TIEMPO: 40 MINUTOS

Ingredientes:

200 g de arroz
1 l de leche
125 g de azúcar blanco
1 palito de canela
1 cucharada de mantequilla
la piel de 1 limón
la piel de 1 naranja
1 yema de huevo
canela en polvo

Preparación:

- Poner el arroz en un cazo con agua hirviendo y dejarlo cocer durante 5 minutos aproximadamente. Enjuagarlo con agua fría y dejarlo escurrir.
- Una vez que el arroz esté bien escurrido, echarlo en una cazuela de barro y añadir la mitad de la leche. Dejar que se vaya calentando a fuego lento, removiendo de vez en cuando.
- Cuando esté caliente, añadir las pieles de limón y de naranja, y el palito de canela.
- Poner a cocer todo junto a fuego muy lento. Cuando el arroz vaya absorbiendo la leche, ir echando poco a poco el resto de esta. Remover con una cuchara de madera.
- Después de añadir toda la leche, incorporar la yema de huevo previamente batida, la mantequilla y el azúcar.
- Retirar las pieles de los cítricos y la canela.
- Remover durante un buen rato antes de servir el arroz en recipientes individuales.
- Espolvorear con canela en polvo al gusto y dejar enfriar antes de servir.

Índice de recetas